「友情の人形使節　ウォヘロちゃん」編集後記

世界の平和は子どもから

星野 義二

言視舎

友情の人形使節・ウォヘロちゃんの礼服姿（昭和２年）

日米友好の願いを込め

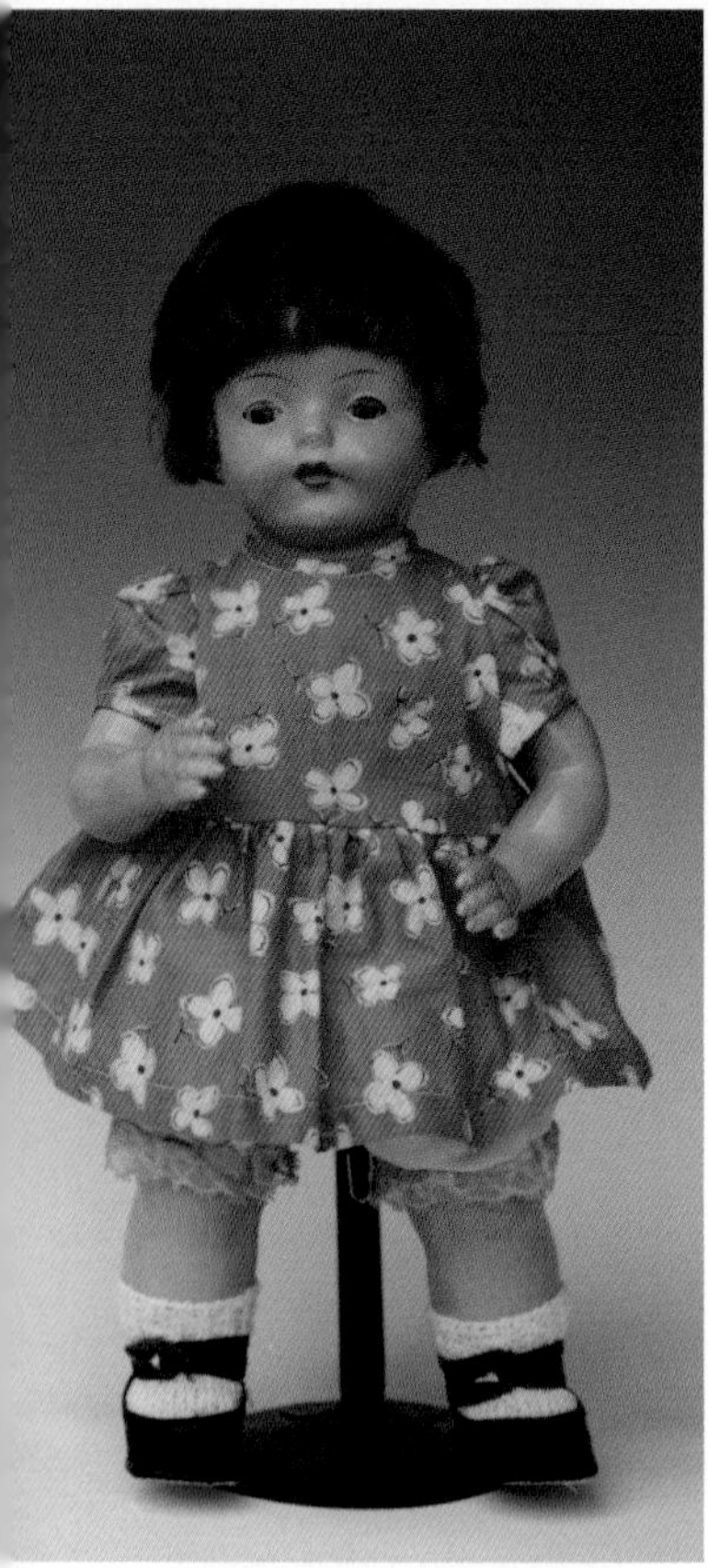

夏服姿（昭和２年）

制服姿
（昭和 48 年、北小開校百周年の際に新調）

帽子とマントの冬服姿（昭和２年）

答礼人形・上野《こうずけ》絹子（昭和２年）

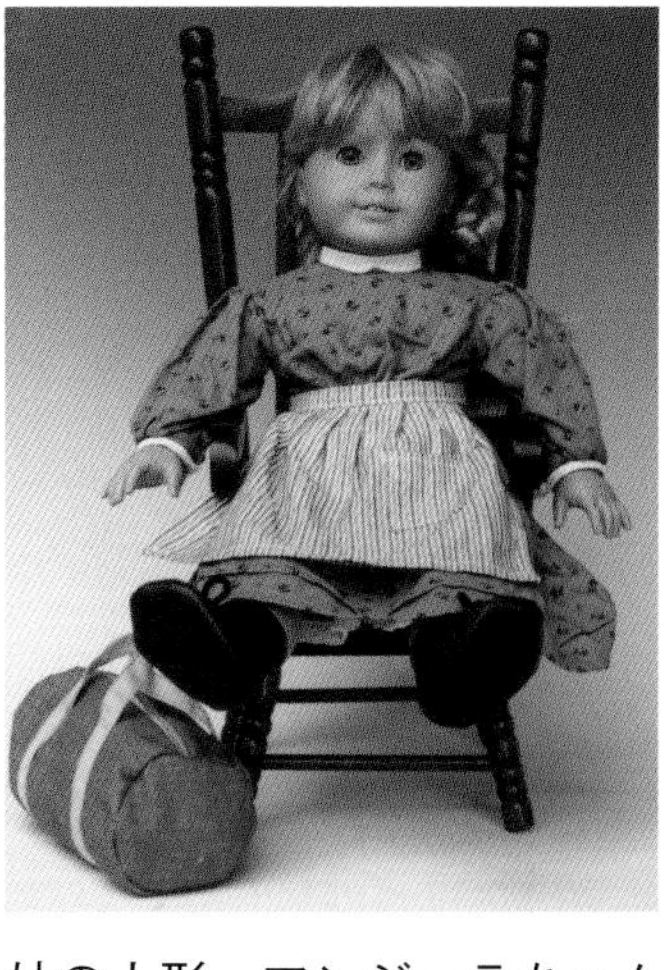
妹の人形・アンジェラちゃん
（平成３年）

友情の人形アメリカに里帰り（平成元年10月、ダートマス子ども博物館）

日米友好交換人形再会式（昭和58年11月10日）

桐生タイムス

3月2日 金曜日　2007年（平成19年）第16232号

発行所／桐生タイムス社

購読料 1部80円 1カ月1,950円

結婚相談

マリッジカウンセ・結

TEL.0276-88-9975 www.ookinaal.com

桐生北小の青い目の人形「ウォヘロ」ちゃん

80年目のひな祭り

園児の手作りびなとお祝い

買場ふれあい館で

北幼稚園児に囲まれる人形使節ウォヘロちゃん。妹のアンジェラちゃんや紙びなと一緒に、ひな祭りを祝う（買場ふれあい館で）

広沢小にもウ

プラネタリウムで演奏

トナカイブラザーズ

80年目のひな祭りを報じる桐生タイムス（平成19年3月）

はじめに

わたしが桐生市立北小学校に勤務していた昭和六十二年（一九八七年）は、アメリカから贈られた友情の人形使節が還暦を迎えたということで、企画展が開催されたり関連のニュースが新聞やテレビで報道されたりし全国的に話題となっていた。

わたしが退職して間もなく、北小学校地区の文化サークルを主宰していた方から「以前から約束していた友情の人形ウォヘロちゃんの講話をお願いしたい」という依頼を受け、北小学校で講演会を開催したのである。

それを機に、北小学校に保存されている関連資料を改めて再調査し、在職中に手作りの冊子「青い目の人形ウォヘロちゃん　波乱の六十年」の内容に手を加え、平成十三年

（二〇〇一年）に「友情の人形使節　ウォヘロちゃん」を文芸社から出版したのである。

平成十九年（二〇〇七年）三月に桐生市本町の「買場ふれあい館」で地元園児が手作りしたおひな様とウォヘロちゃんが仲良く並び「買場紗綾市」に訪れたお客様向けの展示会が開催されていた。そこで、桐生タイムス社から人形に関する取材を受けた。

平成十九年は、アメリカから贈られた人形使節を迎えてから八十年の節目を迎えていたのである。

そこで、「友情の人形使節　ウォヘロちゃん」の編集後記として地元の方々にも北小学校に残る「ウォヘロちゃん」のことについて関心を持ち理解を深めて欲しいという願いから桐生タイムスの「日めくり随筆」欄に二十回にわたり人形の歩みとお世話になった方々の紹介などを掲載させていただくことになった。

本書は、その時の項目をそのままに設定し、新聞では字数に制約があり書けなかったことや、著書を出版した後の市民の皆様からの反響、時代背景等について触れてきた。


人形を迎えて、百周年が七年後と迫り、コロナウイルスで外出が制限されるなかで、集中することができ、本書もなんとかまとめることができた。

本書を中心に手元にある資料、書籍等を整理し、然るべきところに一括して保存してほしいと願ってのことで、当初は、コピーでもいいのではないかと思って始めたことであったが、途中から出版へということに変わってきた。

北小学校に残る貴重な資料を全て紹介することにこだわってきたが、この全資料が本書により初めて公開されることは意義あることと思われる。

全国に残る友情の人形を保存している学校をはじめ、関心を寄せてくれる多くの方々に与えるインパクトも大きいのではないかと思ったからである。

また、「はじめに」のなかで「人形をめぐるいくつかの疑問」の四つの視点についても今まで人形に関する書物にそれなりに接してきたが、一度も同じような考え方を持つ文章に出合うことはなかった。従ってわたしからの提言でもある。

しかし、「友情の人形について」本書を手にする方にとって「お世話になった方々」のこと等については正に余談と思われてしまうのではないかと懸念した。

だが、本書のなかでもふれたが、お世話になり著書の出版に当たって指導、援助してくれた先生方をはじめ、たくさんの方々が示してくれた温かい具体的な支援について、ふと「桐生市以外の都市でこの様な本を出版したとして、これほどの反応が得られるものか」と考えてしまった。

松井利夫さんが主宰する「桐生おもちゃの会」の会報に「素晴らしい感動の本です。人形と一緒に贈られてきたのは、人形に託された愛情であり（人の心）です。」という文章から始まるわたしの著書の紹介文に恐縮し、こちらこそ感動してしまった。

このように本を手に取り、友情の人形のこれまでの経緯を理解し、これからも大事にしていきたいという思いを強く感じ取っていただいてのことであろう。

本書の執筆を通し、改めて、「桐生市に友情の人形が残されたこと」に通じるものを感じ取ったのである。

これは、「桐生市に友情の人形が残されたこと」「本書に寄せられた市民の皆様からの支援」は桐生市の良さであり誇りである。今回の出版に至ったいきさつである。

人形をめぐるいくつかの疑問

これまで友情の人形に関しての文章を書き進める中で、以前から「どうしてだろう」と疑問に思うことがあった。それに応える関連の出版物に出合うと、できるだけ目を通し解明に向けてささやかな努力をし、「これは」と思われる事項は本書にも引用させていただいた。

わたしの力では到底思うようなことはできないが、次の疑問について分かることがあったら是非教えていただきたい。

一、本書のタイトルである「世界の平和は子どもから」ということである。
これは、アメリカで日本に友情の人形を送るための具体的な方法が示された冊子であるが、これを日本文に翻訳した冊子が友情の人形とともに各学校に届けられているのである。

日本のひな祭りの紹介に始まり役割り分担や送別会の要領等が分かりやすく書かれている。重要な資料なので本書のなかに全文コピーして掲載させていただいた。

その冊子が全米に配布されたわけであるが、その表紙の上に、なんと日本語で「世界の平和は小供から」と印刷されているのである。

その意味、ねらいはなんなのか。

二、日本人の移民を受け入れてきたアメリカは、その後、移民を禁止し「アメリカで生まれた子どもはすべてアメリカ国民である」という憲法に「ただし、日本人移民の子どもはアメリカで生まれてもアメリカ人とはしない」ということから始まり、日本人には土地所有を認めない等、アメリカは日本を特定した排日法案を次々に可決してきた。また、高関税をかけ輸出入を厳しく制限する等アメリカは何故日本を特定し、ここまで追い詰める必要があったのか。

三、こうした中で、日本に人形を送ることになり、そのための冊子を全米に配布したところ、アメリカの皆さんから、なんと一万二千七百三十九体もの人形が送られてきたというのは驚きである。また、各種団体でこれに関わった人々の人数が二百六十万人という事実はとてつもないことであり、冊子による呼びかけだけでこれだけの人形が集まるものだろうか。

四、一方日本では、戦争が激しくなるにつけ全国的に人形を処分する事態となった。

学校長が、今まで大事にしてきた人形を、突然朝礼台に叩きつけ「これはアメリカのにくい人形だ」と言って、人形を足で踏みつけた。子どもたちが受けた衝撃は大きく高齢になっても忘れらないという、こうした事例がたくさん集められている。

また、答礼人形をアメリカに送る際、いただいた人形の礼文も一緒に添えられていた。

「わたしたちは、お家を恋しがって帰りたく思わないようにできるだけのお世話をいたします。」

戦時中とはいえ、この礼状にある約束を果たせず、教育という場で、しかもこんなむごい方法で一万体もの人形を処分してしまったのであろうか。

友情の人形使節の価値は、この日米両国で五百三十万人もの民間人による友好親善の世界の歴史上類をみないできごとであり、当時の日米両国や世界の時代背景をつぶさに考察することが大事なことであると思う。

著　者

目次

「友情の人形使節　ウォヘロちゃん」編集後記

世界の平和は子どもから

①　青い目の人形企画展に寄せて

平成十九年（二〇〇七年）十月十三日～十一月二十五日、群馬県中之条町歴史民俗資料館において開催された「青い目の人形～友情人形来日80周年記念展」は、県内に残る十九体の人形全てを展示し、内容も充実した後世に残るすばらしい企画展であった。その時発刊された「企画展図録第６集」には、シドニー・ギューリック三世から祖父の遺志を継ぎ友情の人形の妹として贈り続けてきた新しい人形も紹介されている。

昭和四十八年（一九七三年）ＮＨＫテレビ番組「スポットライト」で利根村立東小学校（現沼田市立利根東小学校）の当時教頭だった金子先生により青い目の人形をいかに守ったか、その時の様子が放映されたのをきっかけに全国的に残された人形が次々に紹介されていったのである。

ギューリック三世は、このことに敬意を表し、活動を始めた昭和六十二年に同校を訪れ、妹の人形「エリカ」を贈り、その後、関係の県内の学校へは平成元年から平成十二年と結構長期間にわたり学校を訪問していたことがこの資料から伺うことができる。

この活動を円滑に進めるために「群馬青い目の人形友情交流会」が新たに発足し初代会長に英語も堪能だった元副知事の横田博忠氏が就任したのである。

横田会長は、ギューリック三世とともに妹の人形を携え各学校へと案内して回ったのである。また、企画展に先立ち「群馬の友情人形」という演題で記念講演をし、図録にも収録されている。この活動を主宰したギューリック氏の著した「Ｄｏｌｌｓ ｏｆ Ｆｒｉｅｎｄｓｈｉｐ」を原書で読み「青い目の人形」ではなく「友情の人形」であることを指摘しているのである。

わたしは、この企画展については、開催されたことを新聞で知り中之条歴史民俗博物館も初めての訪問であったが、当時の唐澤館長に わたしの著書「友情の人形使節ウォヘロちゃん」を贈呈し、お互いにこれまでの経緯等情報交換をした。

特に、その中で「県を代表してアメリカに贈られた答礼人形は現在所在不明となって

いる」という館内の表示については、現在オレゴン大学美術館に所蔵されていることをお話しした、

その後、横田会長にも関係資料をお送りしたところ、さっそく連絡をいただき何度か電話でお話する機会があった。そんな中で、わたしもお世話になった児童文学作家の武田英子氏がすでに亡くなっていたことを教えていただいた。

電話で何度か連絡をとっていたが、間もなく横田会長は、亡くなってしまわれた。お会いすることを約束していたがほんとうに残念なことであった。

中之条町歴史民族資料館　人形企画展案内

②「青い目の人形」から「友情の人形」へ

大正から昭和初期へかけては、ハイカラとかモダンといえる新しさにあふれた時代であった。子どもの文化でも大衆的な児童雑誌や映画が娯楽として盛んになっており、童謡も子ども達に親しまれてきたのである。

大正十年（一九二一年）、野口雨情の童謡「青い目の人形」が発表され子ども達に好まれ、青い目の人形すなわち西洋人形もその時代のシンボルだったのである。

明治二十一年（一八八八年）宣教師として来日したシドニー・ルイス・ギューリック氏は、帰国後、低賃金でもよく働く日本人労働者への反感、人種的偏見にゆれる排日運動に憂慮しキリスト協議会等と協力し大統領等に働きかけ活動してきたが、打開することはできなかった。

そこでギューリック氏は、日本に対する好意の表明と明日を担う日米の子ども達の心にふれあうことを願い、相互の文化的な交流をはかることで彼らに数十年後の国際平和の夢を託し人形贈呈ということを思いついたのである。

ギューリック氏は、日本の美しいひな祭りのことや日本人が子どもや家庭を愛することと合わせ、当時日本でやさしい思いやりのこもった「青い日の人形」の歌や西洋人形を大事にしながら遊ぶことを知っていたのである。

しかも、すでにこの歌は、ハワイとアメリカで演奏会が開催されており、この歌が日系人にも受け入れられていたこともあり、友情の人形交流という事業に結びついたのである。

アメリカでは、この趣旨に沿って日本に人形を送るためのマニュアルである冊子を全米の多くのボランティア団体に配布したが、この表紙には「DOLL MESSENGERS Of FRIENDSHIP」とあった。

日本に人形が受け入られた時、人形とともにこの冊子を翻訳したものが各校に一緒に届けられたのである。この表紙には「可愛いお人形が親善のお使い」となっているのでである。

しかし、この事業を広く報道するのに童謡「青い目の人形」や普及していた西洋人形のイメージから、この「青い目の人形」という呼称が定着してしまったのである。

従って童謡「青い目の人形」は、この交流人形のこととは全く別のものであった。

また、この呼称は、広く使われ、武田英子氏の著書も「青い目の人形メリーちゃん」「青い目をしたお人形は」「資料集・青い目の人形」とあり、横浜人形の家発行の書籍も「青い目の人形に始まる人形交流」と経過してきたのである。日本では、「友情の人形使節」という本来の呼称は用いられる機会もなくきてしまったのである。

私の著書「友情の人形使節　ウォヘロちゃん」は、願いがかなない武田英子氏に校正をしていただくことができ、次の貴重なご指導をいただいた。

「私は当初は、青い目の人形の呼び名を理解しやすい通称として使いましたが、アメリカの人々と交流する中で友情の人形の呼称が妥当と考えました。アメリカでは黒い目、青い目などの呼び方は一面で差別的に受け取られることを知りました。地の文では友情の人形で……」

この後、著書のタイトルから始まり原稿の「青い目の人形」は全て「友情の人形」に書き換える作業をしたのであった。

その後、武田英子氏が生涯をかけて取材し調べ上げてきた貴重な内容をまとめた著書「人形たちの懸け橋―日米親善人形たちの二十世紀―」（海を渡った人形たちが語る七十余年の旅路）をいただいた。

その中に付箋が添えられており、それには、「おたよりを拝見しました。先日は、急ぎの返信でしたので同封の文庫につき触れませんでした。このたび何冊か必要があって取り寄せたので、一冊さしあげます。『青い目の人形』『友情の人形』にも触れています。できれば広めて下さい。」としたためられていた。

また、その著書の「はじめに」には「なお、アメリカの「友情の人形」について、日本では「青い目の人形」の通称が広くゆき渡っているが、本書では、本来の「フレンドシップ・ドール」の意味を尊重して、「友情の人形」の呼称を用いることにする」とあった。

平成三年（一九九一年）に桐生明治館でウォヘロちゃんの妹アンジェラの贈呈式があ

アンジェラちゃんを迎え桐生明治館で贈呈式
（表示中央に「New Blue Eyed Dolls」の文字）

り、その時の記念写真に「Welcome to Kiryu New Blue Eyed Dolls」という歓迎の表示があった。ギューリック三世はじめアメリカからの親善活動で来日した関係の皆さんに申し訳なく思い、本来の「友情の人形使節」としての趣旨を生かさなければと思った瞬間であった。また、中之条の企画展の表示は、「青い目の人形～友情人形来日80周年記念展～」とあったが「友情の人形使節来日80周年記念展」ということだけで十分周知できるような環境を整え、武田英子氏のメッセージを広めていきたいと感じた。

③答礼人形「上野絹子」のこと

アメリカから群馬県に贈られた友情の人形は全部で一四二体であった。

ギューリック氏は、以前から「返礼についてはご心配のないように」と渋沢栄一氏に手紙を送っていた。

しかし、人形を受け取った学校からは、返礼の品を送りたいという申し出も多く、日本国際児童親善会で検討の結果答礼の人形を贈ることになった。

その冊子には「日本に贈られた人形は単なる人形ではなく本当に生命を持った使者であるので、答礼人形を贈ることは美しい礼儀である」との呼びかけが記されている。

また、「一人一銭の寄付を募ること、答礼人形の展覧会や送別会の開催、児童が親善の手紙を書いて人形に持たせることなど」を人形受領校へのお願いとしている。

渋沢氏は、当初から少ない予算と短い準備期間であることを考慮し粗製の人形を大量に送ることをさけ、足首と膝の曲がる市松人形と決め、本体が一五〇円、衣装が一五〇円、草履、鏡台、箪笥、長持ちなどの道具が五〇円で合計三五〇円と計画をたてた。

当時あまりにも高価だとの批判声もあったが、それでも日本の美を紹介しようというう意図もあって実行に移されていった。

また、当時の人形師が腕を競い合い、これをきっかけに人形制作は芸術的にも大きな発展を見せることになる。

群馬県の答礼人形は、絹の産地だったことと昔の地名に因み「上野絹子《こうずけきぬこ》」と命名された。

昭和二年十月十九日に群馬県女子師範学校で答礼人形の送別会が、人形を受け入れた学校や幼稚園の代表が集まり開催された。

友情の人形を受け入れた時と同じように高野辰達之作詞、東京音楽学校作曲の答礼人形を送る歌もできていたのである。

お人形さんさようなら

一、お人形さんお人形さん
風がかすかに吹いてます
菊のかおりもしています
今日はお別れさびしいな

二、お人形さん　お使いさん
海のあちらとこちら岸
波をへだてて遠いけど
泣かずに大人でいらっしゃい

三、お使いさん　お使いさん
仲よし小よしのお友だち
アメリカの子が待ってましょ
今日はお別れさようなら

また、送別会で人形が持参した手紙が紹介されたのである。（手紙は英文だがその文

意は次の通り）

親しい友よ　わたしどもは、あなた方の「親善の使者」をわたしどもの学校にお迎えしたことを非常にうれしく思います。

お人形さんは、わが文部省からわたしどもに分けていただきました。

わたしどもはまた、人形さんが持ってきてくださったあの好意と友誼のこもったお手紙をほんとうに心からうれしく思います。

わたしどもはあのきれいな愛嬌のある人形さんをお迎えしたのは、どんなに幸福で、また感謝にたえないことでございましょう。

わたしたちは、あのお人形さんを三月三日のひな祭りにはきっとお客さまとしてお招きし、そして、永久にわたしたちの人形仲間になっていただきましょう。

そして、わたしたちは、お人形さんが、お家を恋しがって帰りたく思わないようにできるだけお世話をいたします。さようなら。

人形を乗せて横浜港を出航する期限が迫っており、一銭募金等協力した各小学校にはモノクロ写真が送られ、実際にこの答礼人形を見る機会はなかった。こうして日本全体で六十体の人形が答礼人形としてアメリカへ送られていったのである。

「上野絹子」は、親善交流のため全米各地を巡回した後、ニューヨーク・ブルックリン博物館に保存されることになっていたが、六十体もの人形を荷ほどき荷づくりを繰り返す中で人形の取り違いという事態が起きてしまい別の人形が納められていたのである。

それ以来群馬県から贈った「上野絹子」は、八十年間も所在不明となっていた。

ある時、わたしが図書館で偶然目にした書籍「人形大使～もうひとつの日米現代史～」を開き、その「上野絹子」が「ミス福岡」と取り違えられオレゴン大学美術館に所蔵され、しかも人形がカラー写真で掲載されているのに驚いた。

著者の高岡美知子氏は、武庫川女子大学教授で大学のアメリカ分校開設にあたりワシントン・スポーケンに住み、日本文化の紹介のかたわらライフワークとしてアメリカでの答礼人形の確認にあたってきたという方である。また、人形の国際交流の崇高な精神を受け継ぎ、現地で新友情の人形による日米親善を実践し外務大臣表彰を受けている。八十年を過ぎてなお、人形を通し親善事業を展開されていることを知り深く感銘した。

群馬県から贈られた上野絹子と道具類

二〇一六年　夏の企画展　戦争を忘れない展

〜平和を願った人形たち〜　前橋文学館

前橋空襲があった八月五日に合わせ、表記の企画展が平成二十八年八月に前橋文学館で県内の小学校に贈られた友情の人形八点と合わせ前橋市の切り絵作家・飯塚照江さんの「前橋空襲の夜」が展示された。

わたしは、特に「ミス群馬の里帰り」という新聞の見出しに目を止めた。

群馬県からアメリカへ送られた「上野絹子」が行方不明であったこともオレゴン大学美術館で新たに見つかったことも知らない県民にとって「ミス群馬」の里帰りということで真実のことが伝わらないのではと危惧し企画展に赴いた。

企画展に展示された答礼人形は、二〇〇九年マレーシアのクアランプールで発見されブルックリン博物館に「ミス群馬」として所蔵されていたことが判明したのである。

アメリカで答礼人形を受け入れた美術館や博物館では施設の運営資金を得るため所蔵品を販売し処分してしまったところもあった。

マレーシアのある方が所有していたものをアメリカの日本人形を研究する方が買い上げ傷みや汚れを修復するため「人形の吉徳」に依頼があったのである。

今回吉徳に勤務する茨城県龍ケ崎市に在住する青木勝氏のご厚意により前橋文学館においての企画展に結びついたということであった。

青木氏は、お会いした当日も高岡美知子氏の著書「人形大使」を持参しており、この人形は取り違えられたまま「ミス群馬」として長期にわたり展示されてきたことを知っていた。

もし、「上野絹子」が予定通りブルックリン博物館に保存されていたら売却されていたということになり、複雑な気持ちになった。人形愛好家の個人所有になるということであるが、その前に、どちらの県からの答礼人形なのか調査し、その県に知らせてやってほしかった。

④　ウォヘロちゃんの真価

昭和五十八年日米友情交換人形再会式が池袋西武百貨店で開催され、群馬県からの八体の人形を含め一〇九体の友情の人形が展示された。

各地方でもこうした催しが開かれるようになり平成五年に「懐かしのおもちゃと青い目の人形展」（北橘村歴史民俗資料館）や平成九年には、「青い目の人形七〇周年記念展示会（高崎市・高崎高島屋）に続き、桐生市でも平成十一年に「青い目の人形展～日米友好のかわいい使節たち七十二年目の同窓会」（桐生明治館）等が継続され開催されてきた。

こうした中でだいぶ傷んだ人形もあり人形が受けた苦難の歴史を感じさせるものであった。また、平成十九年の中之条での企画展でも同様で読売新聞の見出しに「現在八十歳、十年後の開催は無理かも」とあり、人形の扱いには細心の注意を払ってきたということであった。

展示された人形の中に真っ白な胡粉を塗ったピエロのような表情をした人形があったが、汚れや傷ついた人形を気の毒に思ったのであろう。また、名前がなくてはかわいそうということで安易に名前をつけ、そのまま定着してしまった例も多かったのである。

残された貴重な人形であるが、こうした現状を見るにつけ北小のウォヘロちゃん程きれいに保存され、当時人形と一緒に届けられた数々の品々が現存するということは希有のことであろう。

人形とともに「ウィンサヒコン　キャンプファイヤー　ガールズ」の皆さんの写真が七枚もあり、その裏側に名前や会の役職等が記入されていた。

この当時、アメリカでもまだ一般市民がカメラを持ち手軽に写真が撮れる状況ではなかったと思われるなかで貴重なものである。

この写真により人形を送ってくれた会の皆さんとのつながりを身近なものに感じさせてくれるものである。

贈・キャンプファイヤーガールズ

ウォヘロちゃん

エリザベス　ハートマン（管理者）

左から
ミリアム スッパー（書記）、エリザベス ハートマン（管理者）、
グレース バルリン（会計）

シドニー フリック
贈・キャンプファイヤー ガールズ

左から
ミリアム スッパー（書記）
ミルドレッド トンバー
（ハイク リーダー）
グレース バルリン（会計）

また日本文に翻訳された手紙には会の信条が洋服の飾りや色にまで込められており、特に「ウォヘロ」という命名のいわれに、それがより鮮明なものになっている。「ウォヘロ」という名は、送り主が所属する会のモットーである仕事（WORK）、健康（HEALTH）、愛情（LOVE）という三つを合わせた名前（WOHELO）である。

また、どの人形もパスポートやビザ、旅行切符はじめ手紙、カバン等の持ち物はあったと思われるが、残された人形のほとんどがアメリカから送られた人形の証拠となってしまうということで処分されてしまったのである。

ウォヘロちゃんを送ってくれた「ウィンサヒコン　キャンプファイヤー　ガールズ」からの手紙や持ち物から、このプロジェクトに向けて相当な思い入れがあったことが分かる。

戦争が激しくなり、友情の人形の処分が周辺の学校で実行されてきた中で、人形とともにこれらの資料を一緒にして隠しておくことを決意した学校長は、この資料があってこそ人形の真価が伝えられると判断したものと思われる。

その勇気ある決断をし実行した校長は誰だったのか関係の歴代校長の系譜に触れてお

きたい。

友情の人形「ウォヘロちゃん」を北小学校に迎えたのは、第十七代黒崎辯之助校長であった。驚くべきことに大正五年から昭和十年まで実に二十年間校長として在職したのである。

人形を大事にし、このことを児童や職員に伝え続けてきたことが推察されるが、その後石川能充校長から十九代の石川淑人校長と受け継がれてきた。

石川淑人校長は、昭和十四年から十七年まで在職しているが、戦争に突入したのが昭和十六年であることからすれば、戦時下の中で次期校長に「アメリカから贈られた人形を大事に」ということは言えなかったのではないか。

従って、わたしは、黒崎辯之助校長の人形への思いを受け継いだ石川淑人校長が、人形に留まらず全ての資料を一緒にして後世にと願い紙包みにくるんで比較的はやい時期に隠したものと思われる。

ウォヘロちゃんの関係資料一覧

1、人形本体（ウォヘロ）と礼服

礼服は、ビロードでえんじ色のワンピース、ベレー帽子、ガラス製のネックレス、人形は横になると目を閉じる。「ママー」と泣く装置は油紙使用のため修復不能。

2、着せ替え用　夏服、冬服

夏服――花柄の赤のワンピース。冬服――黒の洋服、マント、帽子付き。

※セーラー服の制服――　送り主からの手紙に制服についての記述があり、「北小学校百周年のあゆみ」の中にＰＴＡ役員さんの「この制服を復元したい」という記載があることから昭和四十八年以降に新しく作られたものと思われる。

3、パスポートとビザ・旅行切符

スペシャルパスポート（特別旅行免状）とビザ（人形査証、日本の少年少女へのメッセージがある）。ウォヘロと記名された切符——　※パスポート、ビザの裏面に貼付されてきた。

4、送り主からの手紙と封筒

「ウィンサヒコン　キャンプファイヤー　ガールズ」からのメッセージ。

英文の記名の入った封筒があり、移民した日本人によって書かれたとみられる手紙となっている。会の紹介と「ウォヘロ」命名の理由が書かれている。

「ウィンサヒコン　キャンプファイヤー　ガールズ」の住所

USA　ペンシルベニア州　フィラデルフィア ジーマンタウン　ヒルトン街６０２２

5、人形を送ってくれた方々の写真
ウォヘロを囲んで撮った写真等七枚。
写真の裏に署名があるものもあり。

6、おもちゃ・ゲーム類
当時アメリカで流行していたと思われるゲーム・おもちゃ。

7、冊子「可愛いお人形が親善のお使」日本国際児童親善会
世界児童親善会が発行した「友情人形使節」の翻訳書。
日本へ人形を送るための手引き。

※1~7までは、平成2年アメリカから北小学校に届けられた人形等一式である。

8、答礼人形「上野絹子」の写真

昭和二年十月、群馬県の答礼人形送別会は開催されたが、各地区毎の関係学校の児童等に人形を披露するゆとりがなく配布された写真。道具類も写されている。

9、答礼人形が携えていった手紙（英文）と訳文

定形化された文面に署名したもの。

※北小学校には、その後の「日米友情交換人形同窓会」や「アメリカへの里帰り」といった友情の人形の大事な行事に参加しており、その時の貴重な関係資料も保存されている。

⑤ 元学校医の前原勝樹先生のこと

利根村立東小学校の「メリー」がテレビで放映されたことは、全国に大きな反響があった。この番組を見ていた桐生市立北小学校の元学校医の前原勝樹先生から「確か、北小にも青い目の人形があったはずだが」と延命立雄校長に連絡があった。

さっそく職員にこのことを問いかけ校内を探す中で、用務員の癸生川《けぶかわ》力《つとむ》さんから「もしかして」と差し出された紙包みにくるまれた中に人形があり、紛れもない友情の人形であることを確認したのである。

「無事だったウォヘロちゃん」と桐生タイムスに報道されたのが先の「メリー」がテレビ放映されてからわずか二カ月後の昭和四十八年五月であった。

前原元学校医は、京都帝大医学部を卒業し地元でも有名な先生で、神官の家系で天満宮の近くに病院を持ち、医療関係はもとより各分野で活躍した方である。

北小学校の学校医も戦前から戦後と長期間にわたり勤務し、わたしが北小学校に赴任した直後にも先輩から伝えられた当時の前原先生のエピソードを聞くほどであった。

北小学校のすぐ近くに吾妻公園があるが、その中に「哲学の道」という散歩コースがある。これは、前原学校医が在学中に京都の吉田山にあった道の名をもとに名付けられたと伺っている。公園は前原病院にも近く、好んで散歩を楽しんでいたと思われる。

明治生まれのわたしの母が、昭和六年、二十歳の時に看護婦として、高崎市の病院からその前原病院に移り勤務していた。

母のアルバムに従業員に囲まれ中央に若々しい前原先生、その左端に白衣姿の母が写されている。残念ながら何の記念写真であったのか聞きそびれてしまった。

母は、昔話をするとよく前原病院でのことをなつかしそうに話す機会があり、その都度「かつき先生、かつき先生」というのを何度も聞いてきた。

わたしの著書には、子どもたちに読みやすいようにと配慮し全文にルビをふったが、疑うことなく「かつきせんせい」として校正をすませた。

前原先生を囲んだ写真
（左端に著者の母　星野ミツヱ）

人形使節

無事だった「ウォヘロちゃん」

半世紀をひっそりと

情多い人に守られて

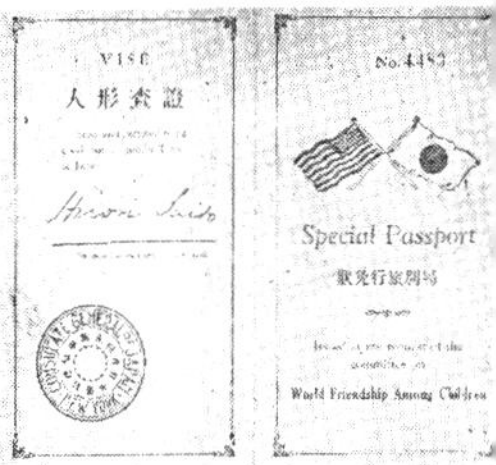

NHKテレビで陽の目

北小学校の校長室に「青い目の人形」がぽつんと一つ。エンジのワンピースにそろいのベレー帽、ビーズのネックレス、パッチリ開いた青い目、ポケットにはパスポートまで携えて——。実はこの人

ポットライト」で放映され、大きな反響を呼んだ"アメリカからの人形使節"一万二千七百三十九体の中の一つである。

野口雨情作詩の「日本の港へついたとき、いっぱい涙を浮かべて た——という童謡が盛んに歌われていた昭和二年。そんな平和なムードのなかでアメリカの世界児童親善協会から"青い目の人形"がはるばる海を越えて日本の子どもたちにおくられてきた。

北小にも、ウィッサヒコン・キャンプファイヤーの乙女たちから友情をこめた「ウォヘロちゃん」が届いた。それには次のような手紙がそえられていた。

「友情のしるしとして、この人形「ウォヘロ」をおくります。人形の着ている服は、私たちキャンプファイヤーの制服で、赤い飾りはあなた方に対する友情を表わし、ビーズのネックレスは、ウォヘロと私たちに課せられた仕事の完成を誇りをもって表わします。ウォヘロの命名は、仕事（WORK）健康（HEALTH）愛情（LOVE）という三つの意味を合わせた（WOHELO）です。どうぞかわいがってやって下さい——フィラデルフィア・ジーマンタウン・モントル街六〇三一・グレース・E・バルリン、ミリアム・B・スッパー——」

丸い青い目を、閉じたり開いたり、寝かせると「ママー」とかわいい声を出すウォヘロちゃん、北小学校の子どもたちは、アメリカ生まれの人形に目を輝かせて喜んだ。

写真＝上日本から送ったおたけ人形下ウォヘロちゃんの持ってきたパスポート

そしておかえしに、振袖を着たおかっぱの"おたけ人形"をつくり群馬県の代表で「上野絹子（こうずけきぬこ）」と名づけ「ウォヘロが家を恋しがって帰りたく思わないよう一生懸命世話します…」という手紙とともに送った。

両国の子どもたちが、厚い友情をこめて交換した人形は、アメリカと日本の子どもたちの心をしっかりと結びつけ、永遠の平和を約束させ、人形使節の責任を全うさせたかのようにみえた。

が、やがて両国は戦火を交え、"撃ちてしやまん・鬼畜米英"の合言葉の中で「敵国の人形などたたきつぶしてしまえ／焼いてしまえ／」の声にこの人形たちの運命は一転した。

狂奔する大人たちは、子どもに竹ヤリで人形をつきささせ、石を投げつけ、火あぶりにさせたところもあった。

NHKテレビは、番組「スポットライト」で、ミリタリズムの犯罪のなかで、当時そのままの姿で人形のいのちを守りぬいた、利根郡利根村の山深い小学校の教頭・金子武男さんにスポットをあて、いかにして人形を守ったかをつづったが、これをみた前原勝樹医師が「北小にたしかあの人形があるはずだ…」と、延命立雄校長に知らせ、ウォヘロちゃんが日の当たる場所へ登場することになった。

いま、全国で三十八体の人形がそれぞれの曲折を経て生き残っているが、そのうちほとんどが顔や肌に鋭い傷跡が、のろわしい戦争を象徴するように残っている。

写真＝上無事だった人形使節・ウォヘロちゃん下ウォヘロちゃんを送ってくれたアメリカの少女たち

明日休刊

だれが守った？

かすり傷ひとつなく

だが、北小のウォヘロちゃんは情厚い師弟の人びとに守られてかすり傷一つなく、いまだ「ママー」と声をあげる。戦争たけなわのころ、誰がどのようにして、ウォヘロちゃんをかばい、難をまぬがれさせたかは明らかではないが、きっと、かくれキリシタンのようにひっそりと生きてきたに違いない。でもウォヘロちゃんはただ「ママー」というだけでなにも語らない。

北小を新築する際、旧校舎の残がいといっしょに捨てられそうになったのを「いずれいわれのある人形だろう」と用務員室に保存されるというきわどい目にもあったことも……。

人形に添えられたパスポートと人形をつくったアメリカの少女たちの写真は黄色く変色し、ウォヘロちゃんの流浪した四十九年の歴史を物語っている。

一方、アメリカでは、この"親善の使者"の日本の人形をアメリカ各地の美術館や博物館に大切に保管しているという。しかし日本ではパスポートに書かれている「どうぞこの人形を可愛がってやって下さい。人形はあなたの国の習慣や規則にきっとよく従うことと思います」というこのアメリカの少女との約束は守られなかったわけだ。

北小学校の片すみで、戦争という大人たちの犯した大きなあやまちに、けがれない両国の子どもたちの心が踏みにじられたという否定できぬ事実を、ものいわぬ姿でをじっと見続け、葬り去られた仲間たちを憂えたウォヘロちゃん。その青い目も、いまやっと輝きを増してきたようだ。

無事だったウォヘロちゃん
（桐生タイムス）

ところが、お世話になった関係者に著書を贈呈し、礼状をいただいた中に「かつき」ではなく「かつたか」ではないかとご指摘をいただいた。

地元で元北小ＰＴＡ会長の細谷昌弘氏と元桐生市教育長矢村晋一氏であった。

それにしても年代も違い前原先生との交流もなかったと思われるお二人が、なぜ名前の読み方まで覚えているのか疑問が残ったが、これも聞きそびれてしまった。

元学校医・前原先生の偉大さを改めて思い知らされた心境であった。

九十歳を迎えた母に、「前原先生は、『かつき』ではなく『かつたか』だってよ」と話しかけたが、「正しくはそうなんだよね」と言ってけろりとしていた。

⑥　人形を守った癸生川さんのこと

学校医をしていた前原先生から「北小にも人形があるはず」と連絡を受けた延命立雄校長は、さっそく人形探しを初めたとき、用務員をしていた癸生川《けぶかわ》　力《つとむ》さんが紙包みにくるまれた人形と貴重な資料を守っていてくれたことが分かった。

北小学校は、昭和四十四年に地鎮祭があり、木造校舎から鉄筋コンクリートの新校舎へと大がかりな工事があり、昭和四十六年に落成祝賀式が行われている。

その際、使えなくなった教材、教具をはじめたくさんの不用品が処分されていた。

当時、男性職員には宿直当番があり、大きめの押し入れに古いたくさんの布団があり、長い間そのままになっていたのである。

いよいよ処分される時、この古い布団と外の不用品が裏庭に山と積まれ、その中に紙包みにくるまれていたこの貴重な品に発生川さんが気づき、拾っておいてくれたのである。

学校には、寄贈された手芸人形や動物の剥製などがたくさんあり、発生川さんはあらかじめ学校長にも相談したが「新築するこうした機会に思い切って処分してください」と一任されたということもあって、思いきって処分してきたが、この紙包みの人形は「何かいわくのある人形である」ことを直感し、とりあえずプレハブの部屋に置き、その後、新校舎の用務員室にある戸棚に保管しておいてくれたのである。

発生川さんがいなかったら、この貴重な人形とこれらの資料は全て焼却処分され灰になってしまったところであった。

こうした数奇な運命をたどりながら北小学校の先達に守られ幸運にも命拾いをしたウォヘロちゃんのことを子ども達に伝えようと思い、わたしは、昭和六十二年に、手作りで「青い目の人形ウォヘロちゃん　波乱の六十年」と題し冊子にまとめた。

当時は、教務主任として担任を持たずいくつかの教科を担当し、高学年の各クラスに出向いていたのでこの冊子をもとに国際交流や道徳の授業として子ども達に人形がたどった経過を紹介してきた。保護者からの反響も大きかった。

その中で、子ども達の感想の中で最も多かったのが、人形の危ういところを救い、保管しておいてくれた癸生川さんのことであった。

子ども達は、「その時のことをもっとくわしくお聞きし、お礼を言いたい」ということであった。しかし、残念なことに癸生川さんは昭和五十五年にご逝去され、その願いはかなわなかった。

そんなこともあり、わたしは、癸生川さんの写真をこの冊子に是非掲載しようと思い福島県楢葉町にお住まいの息子さんに「写真を送ってくれるよう」お願いをした際、「実は、今日は、父親の命日なんです」と言われ驚いてしまった。

それから十五年ほど経過し文芸社から著書を出版するにあたり再び息子さんに連絡したところ「本ができあがったら分けていただきたい」ということで、後日、一〇冊程郵送した。

その後、癸生川さんの息子さんからお礼の電話があり、癸生川さんの二十三回忌の法要があった際、親戚の方々が墓参りから帰ったところにその本が届いたということで、この不思議な巡り合わせに驚き、みんなで改めて仏壇に手を合わせたということを聞き、わたしも癸生川さんに感謝の気持ちでご冥福をお祈りした。

癸生川　力さん

⑦ 歓迎され、大事にされた人形

世界児童親善会を立ち上げたシドニー・L・ギューリック氏が日本に滞在していた頃から親交のあった渋沢栄一氏と相談し始まった友情の人形交流計画は、まさに国際的な民間交流事業であった。

文部省が人形を受け入れる窓口となったが、これは、渋沢氏や松平駐米大使の外務省、文部省への働きかけがあったからである。

また、渋沢栄一氏は、答礼人形についてもアメリカからの人形と同じ方法をとらず、返礼までの限られた日数を考慮し期限に間に合わせることや、人形が粗悪なものにならず日本の伝統的なものというように具体的な力強い指導力を発揮しているのである。

昭和二年三月三日のひな祭りに明治神宮外苑の日本青年館において盛大な歓迎会が開

催された。

東京の各小学校の代表二千人をはじめアメリカンスクールの子ども達が集まり、日章旗、星条旗、ひな飾りの一式が飾られ国際的な美しく華やかな風景であった。

また、日本児童親善会の渋沢会長をはじめアメリカ大使、外務大臣、文部大臣等両国の要人が参列したのである。

その後、群馬県では、五月一日に群馬県師範学校において百二十四体の人形歓迎会と各学校への配分が行われたのである。

北小学校での人形歓迎会があった時、一年生だった方が、友情の人形ウォヘロちゃんの周りを「青い目の人形」の歌を歌いながら回った思い出を語っている。

ところで、隣町の大間々小学校では人形の歓迎会で、高野辰之作詞、東京音楽学校作曲による「人形を迎える歌」が歌われていた。

わたしの叔母が人形を迎えた昭和二年に大間々小学校の高学年で、この歌を曖昧なところもあったが覚えていることに驚いた。

人形を迎える歌

一、海のあちらの友だちの
まことの心のこもってる
かわいいかわいい人形さん
あなたをみんなで迎えます

二、波をはるばる渡り来て
ここまでお出での人形さん
さびしいようにはいたしません
お国のつもりでいらっしゃい

三、顔も心もおんなしに
やさしいあなたを誰がまあ
ほんとのいもうと弟と
思わぬものがありましょう

「顔も心も同じ」と、「青い目の人形」の歌とは一線を画し、人形を温かく迎える心情

北小学校の土蔵校舎
（明治 11 年４月～昭和８年、北小教育の本拠）

が素直に感じ取れる歌で、国をあげて歓迎したことがよく分かる。

その後、人形が校長室に飾られていたことや、桐生幼稚園（北小学校内にあり、校長が園長兼務をしていた）にも時々訪問し、園児に人気のあったウォヘロちゃんは歓迎され可愛がられてきたのである。そんな時、園児から「この人形がほしい」という声に、校長は、「やるわけにはいかないけど、特別に」と人形を抱かせてもらった方などのエピソードが伝えられている。

また、ウォヘロちゃんは、礼服とともに夏服、冬服まで贈られており、季節に合わせ着せ替えて飾られ、みんなに親しまれ可愛がられてきたのである。

⑧　残された貴重な資料

友情の人形とともにそれぞれ持参したものがあり、パスポートと査証（ビザ）、切符は全ての人形にあったものと思われるが、その査証には次の手紙が添えられている。

「日本の少年少女のみなさんへ――この旅券（パスポート）は、アメリカ合衆国の人民で善良できまりを守る（ウォヘロ）をあなた方に紹介いたします。（ウォヘロ）は親善の使者として一九二七年（昭和二年）三月三日のひな祭りを見物に日本を訪問いたします。

このお使いは、アメリカ合衆国の少年少女たちを代表してごあいさつと好意の手紙をもってまいります。どうぞこの（ウォヘロ）が日本におります間、お世話を願います。

そして、必要なときには保護もしてやってください。人形は、あなたのお国のいろいろな規則や習慣にきっとしたがうこととおもいます。」

名前を記入する欄は、手書きとなっており、これがアメリカからのメッセージとなっている。あとは、人形用の可愛い手作りの旅行かばんやおもちゃなどが一緒に届けられたのである。

北小学校に一緒に届けられたものは、「ウォヘロちゃんの関係資料一覧」で紹介した通りであるが、中でも特に貴重なものは、手書きの別のもう一通の手紙である。

「拝啓

ウイッサヒコン　キャンプ　ファイヤアの子女等は、友情の記念として（アメリカのウイッサヒコン　キャンプ　ファイヤアの子女等から）ウォヘロを御送り致します。

貴女方がキャンプ　ファイヤア會を御知りにならない場合には、ウォヘロの着けておる白い水兵服、赤いネクタイ、青いスカートがキャンプ　ファイヤアの子

No. 4483

Special Passport

狀免行旅別特

Issued at the request of the committee on

World Friendship Among Children

PERSONAL DESCRIPTION

Name Wohelo

Eyes (color) Blue

Hair (color) Auburn

Nose

Mouth

Place of Birth Philadelphia

"SAY IT WITH DOLLS"

DOLL TRAVEL BUREAU
Good for one fare by rail and steamer ..... U.S.A. to Tokyo, Japan.
Name Wohelo
99 cents Special Rate
Sidney L. Gulick Gen. Passenger Agt.
No. 4483

VISÉ

人形查證

Seen and certified to be good for a goodwill trip to Japan.

Hiroši Saito

Japanese Consul General, New York

To Boys and Girls in Japan

This passport introduces to you Wohelo a loyal and law-abiding citizen of the U. S. A., who goes to visit Japan as a Messenger of Friendship and to see the Hina Matsuri, March 3, 1927.

This Messenger represents the Boys and Girls of America and carries their greetings and a Message of Goodwill.

Please take care of Wohelo while in Japan and give her any help and protection that may be needed. She will obey all the laws and customs of your country.

With all good wishes,

"UNCLE SAM"

Jan. 3 1927.

残されたパスポート、切符（上）
査証（ビザ）（下）

の服装でありまして、これは毎月の初めに於ける會合以外の會合を好んで開催する、その時に着ける礼服であります。貴女等はウォヘロがこの儀式の場合に於ける服を着けておる事がお分りになりませう。

各々の子女は彼女等の好みと誇りとを表はしてゐる表象で自身の服を飾ってゐます。赤い飾りは彼女等の貴女方に対する友情を表はしております。彼女の服の上の数珠玉は彼女が成功（完成）した満足なる仕事を証明します。赤は健康を表象しております。赤、白、青は愛国心を、青は自然を、橙色は家事を、黄色は事務を、緑は手藝を、褐色は野営技能を表白しております。

各々の子女は一の名と一の表徴とを選んでおります。私等は私等の友情の記念の人形に仕事、健康、それから愛と云ふ意味を持たせたウォヘロと云ふ名を選びました。

この言葉は、（ウォヘロと云ふ）各々の言葉［即ち　仕事（work）　健康（health）　愛（love）］の最初の文字　［即ち　仕事（work）のwo　健康（health）］のhe　愛（love）のlo］を採用する事に依って得ました。

彼女の表徴は友情を助長せしめる二本の松の木、十字の丸木と愛情とでありま
す。
キャンプ　ファイヤアの子女等の求むる要求は数珠をちりばめた頭を彼女の表
徴に結びつけしめる事にあるのです。これ等のひとも亦礼服（儀式服）とモカシ
ン（北米土人の作る鹿皮製の靴）とを着けております。」

手紙冒頭の「ウォヘロの着けておる白い水兵服」とあるが、当初より水兵服は無く、外にも理解し難い部分もある。しかし会のメンバーから伝えたいメッセージを聞き一生懸命翻訳した日本人の姿が目に浮かぶようである。それにしても友情の人形を日本に送るということに並々ならぬ思いが感じられる手紙であり、「ウィンサヒコン　キャンプファイヤー　ガールズ」の熱意が伝わってくる。

アメリカに渡ってから英語を身につけ、これだけの日本文にまとめた移民の筆者はすごいと思う。

ふだん使うことの少ない単語を聞き取り日本文に翻訳するということはたいへんなこ

とであり、誰にでもできるということではなかったと思われる。

外の人形の場合、英文の手紙を携えてきた例はあったが、日本文によるこれだけ内容のある手紙は恐らく皆無であったと思われる。

この貴重な資料は、今後この人形交流事業の検証等に重要な手がかりとなると思われる。

また、このように身近に親しくしていた日本人がいたことに驚いたが、おそらく移民として入植した後、収穫した農産物を販売する等の触れ合いから各地域に溶け込み普段からの交流が継続されてきたものと思われる。

この友情の人形を日本に送る手順をまとめた世界児童親善会からの冊子が全米に配布されたが、その結果、アメリカ四十八州、二百六十万人の趣旨に賛同した方々が実に一万二千七百三十九体もの友情の人形を送ってくれたのである。

わたしは、以前から冊子の配布だけで、何故この事業がここまで盛り上がり実行できたのか疑問に思っていた。

とにかくこれは、世界にも例のないとてつもない大きな親善の交流事業であった。

拝啓

ラィフサヒコン、キャンプ・ファイヤアの子女等は友情の記念として（アメリカのライフサヒコン、キャンプ、ファイヤアの子女等から）ラオへローを御送り致します。貴女方が、キャンプ、ファイヤア會を御知りにならない場合には、ラオへローの着けておる、白い水兵服、赤いネクタイ、青いスカートがキャンプ・ファイヤアの子女等の服装でありまして、これは毎週の初めに於ける会合以外の會合を好んで開催する、其の時に着ける礼服であります。貴女等はラオへローがこの儀式の場合に於ける服を着けておる事がおわかりになりませう。各々の子女は彼女等の好みと誇りとを表はしてなる表象で自身の服を飾ってをります。赤い飾りは彼女等の貴女方に対する友情を表はしております。彼女の服の上の数珠玉は彼女が成功（完成）した満足なる仕事を記明します。

赤は健康

S-PAD

を表象しております、赤・白・紫は愛ある心を、青は自然を、橙色は家事を、黄色は手技を、緑は手藝を、褐色は野外技能（の）を表白しております。各々の子女は一の名と一の表徴とを選んでありました。私等は私等の友情の記念の人形に仕事・健康それから愛と云ふ意味を持たせたウオヘローと云ふ名を選びました。この言葉は（ウオヘローと云ふ）各々の言葉（即ち仕事（work）健康（health）愛（love））の最初の文字（即ち仕事（work）の wo、健康（health）の he、愛（love）の lo）を採用する事に依って得ました。彼女の表徴は、友情を助長せしめる二本の松の木と、春十字の丸木と愛情とであります。キヤンプ・ファイヤアの子女等の求むる要求は鎖錬をちりばめた頸を彼女の象徴に結びつけしめる事にあるのです。これ等の人も亦礼服（儀式服）とモカシン（北米土人の作る鹿皮製の靴）とを着けております。

大正時代は、第一次世界大戦後の恐慌や関東大震災による経済不況に見舞われ失業者も多く、国では移民政策が続けられていた。

アメリカへの移民は、明治二十三年から二千人程で始まり、大正九年には、十一万人を超えるまでになっていったのである。

移民した日本人は、栽培した作物や製品の販売などを通し各地に進出し、現地の人々ともかなり交流があり、信頼関係を得てきたものと思われる。

しかし、その後アメリカでも同じような経済不安が広がっていくと、低賃金でもよく働く日本人移民への反感や人種的な偏見等から政府の政策として「新移民法」を可決し全面的に日本人の移民を禁止し、次々に土地所有禁止法や排日条項を含む法案が制定されてきたのである。

アメリカは「自由の国、民族のるつぼ」といわれ、このように日本人に標的をしぼったこの措置に日本人ばかりか良心的なアメリカ人でも「許しがたい締め付けであり、こんなことを続けていたら、どんな小さな国とも戦争になってしまう」という危機感を持つ人々もいたほどだったのである。

この人形交流事業にこうした動きがあることも見逃せないが、ウォヘロちゃんを送ってくれた陰に移民した日本人がいたことの証明であり、これは、貴重な資料であることに間違いない。

また、世界児童親善会の冊子の中に「人形の展覧」という項目があり、その中にパーティーを開き地域の人々に対し日本に人形を送り親善を深めることと日本の文化等について理解してもらう良い機会とし、その際、入場料を集め、人形を送る資金にするようにと具体的な内容が書かれている。

もしこうした機会があり、関係団体から要請があれば、冊子にもある「日本で生産された人形、磁器、着物、扇子、提灯」や絵はがき、お茶、せんべい等の食べ物などが移民した日本人から提供されたものと思われる。

各団体とも移民した日本人との良好な結びつきがあり、各地域住民の間にも日本人の窮状を理解し、援助しようという動きがあったものと思われる。こうしたことがあってこそ全米から大量の人形を送ることに結びつき、これだけの成果があげられたものと考えられる。

残された資料こそ人形の命

著書「友情の人形使節　ウォヘロちゃん」のあとがきに「何も語らない人形ですが、七十年あまりの歴史の重みを青い瞳にこめて、今、わたしたちに平和の尊さを語りかけてくるように思えてなりません」とあるように、人形は、何も語ってくれない。

しかし、人形を贈ってくれた方々の友好と善意の思いや人形のたどった波乱の道のりを知ることにより平和を願い奔走した日米両国の多くの人々の努力が、残された人形と携えてきた品々から浮き上がってくるのである。

その意味で、人形とともに残された貴重な資料こそ「人形の命」であると考えている。

本書には、北小学校に残されたこれらの貴重な資料を全て掲載させていただいた。初の一般公開ということである。

著書が出来上がり、お世話になった「横浜人形の家」に届けた際、学芸員の方がパラパラとページをめくり、「えっ！　人形を送ってくれた人の写真から名前の由来まで分かっているんですか」と驚きの声をあげていた。

また、県立図書館の岡田正子司書からの礼状にも、著書を通して「初めてアメリカでの人形の誕生のこと」から現在に至るまでのいきさつがよく分かったというコメントをいただいたが、みんな北小学校に残された資料から生み出されたものである。

現在、日本全国に三百体ほどの残された友情の人形があるが、関連した資料等はアメリカから送られた人形である証拠になるということで全て処分した学校が多く、名前のない人形も多かったのである。

たくさん送られてきた人形の中には、ウォヘロちゃんと同じように着せ替えの洋服やエプロン、小さな毛布、サークルを紹介する英文の手紙などが人形とともに送られてきたことが分かっている。これは、残念ながら日本に残されているというわけではなく「Ｄｏｌｌｓ　ｏｆ　Ｆｒｉｅｎｄｓｈｉｐ」というアメリカに残る記録書に記されているのである。

一般的には、ビザに予め用意された手紙もあり、人形の名前を記入すればよく、人形が持参したのは、パスポート、切符、それに旅行かばんや小さなおもちゃ等が多かったと思われる。

ウォヘロちゃんのように着せ替え用の洋服やおもちゃ、それに「送ってくれた方々のサイン入りの写真」や「日本人に書いてもらった手紙」などはほとんどなかったであろう。ウィンサヒコン　キャンプ ファイヤー　ガールズの日本に人形を送る親善事業への熱い思いを伺うことができる。

ウォヘロちゃんは人形自体保存状態もよく、大きな展示会やアメリカへの里帰り等にも参加し妹のアンジェラちゃんの贈呈もあった。

こうした状況から、アメリカから送られたたくさんの人形の中でも正に「日本一」と言っていい程のウォヘロちゃんが現存していることは「奇跡」と言っていいのではないかと思われる。

⑨　戦争で一変した人形の運命

昭和十六年、アメリカと戦争になり、その後戦況が日本に不利になり始めると政府は、国民の戦意高揚を図るため、友情の人形にまで矛先を向け「先年アメリカから日本に送ってよこしたたくさんの人形は、みな安物でひどいものばかりで、あれは日本の子どもをだますために送ってきたのだから、あの人形を持っている学校では、すぐにたたきこわすなり焼き捨てるべし」と放送された。

また、昭和十八年二月十九日の毎日新聞には、人形を「仮面の親善使」と決めつけて「青い目をした人形は憎い敵だ許さんぞ～童心にきくその処分～」とし、子どもたちから聞いた人形の処分方法が掲載されている。

「たたきこわせ89名、焼いてしまえ１３３名、目のつく所に置いて毎日いじめる31名、

戦時中の新聞には「青い眼をした人形・憎い敵だ許さんぞ」「児童は叫ぶ　叩き壊せ『青い眼の人形』」などの過激な見出しが並んだ

青い眼をした人形
憎い敵だ許さんぞ
童心にきくその處分

假面の親善使

児童は叫ぶ

叩き壊せ『青い眼の人形』

"どうするか?"の試問に答へた敵愾心

約十五年前日米親善のふれこみで米國からわが國の各小學校へ一體づつ寄贈された「青い眼をした眠り人形」は今にして思へば恐ろしい假面の親善使であつた、青森縣西津輕郡教育會では各校に保存されてゐるこの人形の處置につき、過般鰺ケ澤校で開催の中部訓導錬成會席上で檢討の結果、鰺澤の穴吹教頭も問題は既、各全國的の問題であると重大視したが鰺ケ澤國民學校ではこのほど初等科五年生以上の兒童に人形の渡日經路だけを說明して處置の答案をとつたところ、大部分は憎い國アメリカからの贈物である以上叩きこはせと答へ、敵愾心が童心にも根強く植込まれてゐることを示した、同校兒童の答案內容は次の通りである（初五年以上高等科まで）

◇總數八十九名◇燒いてしまへ百卅三名◇送り返せ四十四名◇目のつく所へ置いて毎日いぢめる卅一名◇海へ捨てろ卅三名◇白眼を肩にかけて飾つておく五名◇米國のスパイと思つて氣をつけよ一名

なほ同郡教育會では郡下の人形を一個所へ集め處分ある日に兒童らに見せて敵愾心を植えつける方法をとる計畫である

これが假面の親善使

速かな處置を
文部省國民教育局
久保[illegible]課長談

全國各國民學校に青い眼の人形が贈られてゐるとは思はない、あるとしても十五年前の人形を麗々しく飾つてあるとは思へない、しかしもし飾つてあるところがあるならば直に引つこめて、こはすなり、燒くなり、海へ捨てるなりすることには賛成である、當局から考へて米英打倒のこの戰爭が始つたと同時にそんなものは引つこめてしまふのが當然だらう、この人形の處置について兒童に回答を求めるなどといふことは面白いこころみである

海へ捨てろ　32名、白旗を肩にかけて飾っておく　5名、米国のスパイと思って飾っておく　1名」とあり、文部省国民教育局久尾総務課長の談として「十五年前の人形を麗々しく飾ってあるとは思えないが飾ってあるとしたら速やかにこわすなり、焼くなり海へ捨てるなりすることは賛成である。常識から考えて米英打倒のこの戦争が始まったと同時にそんなものは引っ込めてしまうのが当然だろう。人形の処置について児童に回答を求めることは、面白い試みである」と報道されている。

当時の軍国主義教育の中で友情の人形は一転して憎悪の対象となってしまったのである。口コミで人形の処分が広まっていくと、しだいに全国的な動きとなり多くの人形が処分されていったのである。

静岡県掛川第一小学校の五年生だった坪井照子さんの証言

「わたしが通っていた小学校と近くの幼稚園に青い目の人形があり、ある日の朝礼で校長先生が、この二つのお人形を持ってきて全校生徒を前にして（これは憎い敵の人形、これからみんなで焼いてしまおう）とおっしゃったのです。そして校庭につくったわら小屋に人形を投げ込みました。高等科の男子生徒たちがそれを竹槍ででついたあと、火をつけて燃やしてしまいました。ぼうぼうと燃えさかる火の中の人形を見て、なんであんなかわいそうなことをするんだろうと思いました」

平成三十年六月十八日、朝日新聞「声〜語りつぐ戦争〜」より
主婦　大竹洋子さん・福島県（81歳）からの投稿

「これは西洋人形受難の話です。私は福島県若松市（現会津若松市）の謹教国民学校にかよっていました。女子だけの学校でした。たしか二年生の頃、終戦の一年前のことだったと思います。西洋人形を持っている人は学校に持ってくるよう、先生に言われました。私は持っていませんでしたので、気にも留めずに登校いたしました。

全校児童が集められたのは、校庭です。片隅に人形が積み上げられて、小さな

山をなしていました。私たちは、その周りを遠巻きに取り囲み、若い男の先生が人形の山を竹やりで突くのを見せられ、さらに、火をつけて燃やすのを見せられました。

子ども心にも、なんて残酷なことをするのだろうと思ったものです。理不尽としか言いようがありません。あの光景のすべてが、幼い女の子にとって忘れがたい戦争の記憶となりました」


友情の人形だけでなく、家庭で大事にしていた人形まで、処分されていたことに驚かされた。

このように人形の処分についての忘れられない話は多く伝えられており、「罪のない人形に、そんなことはできないと土の中にそっと埋めた」、「白鳥になって戻っておいでと湖に沈めた」、「人形を焼いたあと、その上を歩かされ踏みつけた足の感覚が今でも忘れられない」等人形の最期についての思い出はいとまないのである。

中には、郡全体で連絡しあい人形の処分を行い、子どもたちに敵がい心を植え付けようとしたのである。しかし、幼い子どもたちにとってこうした人形の処分は忘れがたい心の傷としていつまでも残ってしまったのである。

こうしてアメリカから届いた一万体以上の友情の人形が失われてしまい、人形が携えてきた手紙に書かれていた「必要なときには保護してやってください」という大事な約束が守られず残念なことになってしまった。

また、人形は残されたが、アメリカからの友情の人形ということが分からないように付属品や関係文書は廃棄されてしまい、名前も不明なままの人形も多かったのである。

北小学校のウォヘロちゃんのように全ての資料が残されたことは希有なことである。

これは、当時の学校長の勇気ある決断ということもあるが、周辺に時勢の動きに過剰反応をする人もなく、地元をはじめ桐生市の人々の昔から築いてきた良好な結びつきが戦時下でも失われず落ち着いた体勢が維持されていたことも大きな要因と考えられる。

「友情の人形　保存リスト」より

～平成９年「横浜人形の家」調べ～

全国に保存されている友情の人形 286 体

名前不明	87 体（30%）
パスポート所持	50 体（17%）
「メリー」の名前	39 体（13%）

※名前がなく「かわいそう」と
「メリー」の名をつけた例も多い。

贈・キャンプファイヤー　ガールズ

⑩ 世界児童親善会発行の冊子

日本に届けられた友情の人形は、小学校、幼稚園に受け入れられ、そのお礼として小学生の一銭募金によって集まった資金をもとに「答礼人形」がアメリカへ送られたことからわたしは、当然のようにアメリカの小学生が主体となった団体が中心となってたくさんの人形を日本に送ってくれたとばかり思っていた。

ところが、ウォヘロちゃんを送ってくれたメンバーの貴重な写真が七枚ほどあるが、どの写真にも小学生らしい子は写っていない。どう見ても、中、高生以上か一般女性といった感じで、ずっと意外に思っていた。

当時アメリカで推奨されていた、「一般市民のひとりひとりが積極的に政治に参加する」という趣旨での市民運動、住民運動を手法とする草の根の団体がたくさんあり、実は、この団体こそ冊子が配布された先ということなのである。

これは、全米各地の教会、日曜学校、公・私立学校、ＰＴＡ連合、ボーイスカウト、青少年協会などによって組織されていたのである。

ウォへロちゃんを送ってくれた「ウィンサヒコン　キャンプファイヤー　ガールズ」も、こうした団体のひとつであったのである。

さて、こうして全米に配布された冊子であるが、当時のアメリカの人々にとって日本のことについてほとんど知られていなかったこともあり「日本には、美しいひな祭りという習慣があり、日本人が子どもや家庭を愛する温かい心の持ち主であることを説き、より親近感を持ってもらおう」という趣旨が伝わってくる。

また、その中で日本へ旅立つ人形の展覧会や送別会を実施することを薦め、日本への経路や日米の位置関係を理解させたり、日本特有の生産品や絵はがきを展示したりして、この活動を通して多くの人々に日本の国について理解を深める演出方法が具体的に分かりやすく示されているマニュアルであった。

さらに、女の子は、人形を選び衣服を作ることや人形の名前をつけること。男の子は、友情と理解を深めるための手紙を書くことや旅行に必要なかばんなどの品や資金を確保すること。そして、協力して児童劇などを演出して入場料をとることや、仕事の分担も説明されている。

わたしが北小学校でウォヘロちゃんと初対面した際、全文が翻訳され、人形の受け入れ校に配布されていたこの冊子に釘付けになってしまった。

この冊子をもとに、アメリカで展開されてきたこの事業の有様が物語を読むように理解でき興味がつきなかった。

わたしは、この感動を北小学校の子どもたちに伝えたいという思いを強くした。その後、手作りの冊子「青い目の人形ウォヘロちゃん　波乱の六十年」を発行したが、この構想を得たのは、この翻訳された冊子だったのである。

この貴重な冊子は、後世に残す価値が十分あるものと考え、内容の全文を掲載することにした。ご一読いただきたい。

可愛いお人形が

親善のお使

日本國際兒童親善會

序言

曩に米國に於て國際親善の促進を目的とする世界兒童親善會なるものが組織せられ、今回其の手に依つて米國兒童の親善の心持を表す使者として、數多の人形が我が文部省に送附された。今此の人形を全國各地の小學校及び幼稚園等に配布するに當り、參考の爲、右親善會が本計畫の實施に關し、米國に於て發表したる注意書を飜譯して玆に頒布することにした。

昭和二年二月

日本國際兒童親善會

附言

世界兒童親善會事務所　米國紐育市第四街二百八十九番

役員

エス、パークス、カドマン氏
ジョージ、ダブリユー、ウイツカシヤム氏
チヤールス、エイチ、ブレント氏
ジヤネツト、ダブリユー、エムリツク氏

委員長　ヘンリー、ダブリユー、ピーボデー夫人
幹事　シドニー、エル、ギユリツク氏
人形旅行係長　ヒザリー、アシユトン夫人

お雛祭

日本人の家庭には雛祭といふ美しい習慣があつて、此祭は毎年三月三日に行はれる。その日には、かねて仕舞つて置いたお母さんの人形やら、お祖母さんの人形やら、まだ其の前から傳はつて居る人形を持ち出してお祭をするのである。人形はよく見えるやうに雛段に並べられる。女の兒は、長幼とも晴着を着て、雛段に飾られた自分の家の古い人形を見て樂しむばかりでなく、隣近所の人形を見て廻るのである。又この日には、子供のために新に買入れたよい人形を、此の幸福な人形仲間に加へて後の代に傳へることもある。

そこで世界兒童親善會の委員は米國の學校や家庭の子供達に勸めたいことが二つある。それは、

一、日本の美しい雛祭のこと、また日本人が子供や家庭を愛することを知り、さうして日本といふ國に親しみを持つやうにな

ること、

二、米國から澤山の人形を贈つて日本の人形仲間を訪問させ、米國の子供の好意と友情とを傳へるお使をさせることである。

誰が人形を贈るか

人形は公私立學校の生徒の團體から送る事にしたい、尤も日曜學校、少女スカウト、女子露營團《キャンプファイアガールズ》、女子基督教青年會、女子豫備隊《ガールズレザーブズ》、基督《クリスチャンエ》教努力會《ンデボアーソサイエテイ》、エプウオース同盟《リーグ》、バフチスト少年團、婦人倶樂部等の團體や隣保團《ネイボアフーヅ》、個人、家庭友人仲間で送つてもよろしい。

どんな人形を贈るか

人形は米國製の新しいもので、洗濯のきく美しい衣服を着たものでなくてはならぬ。

三人の人形製造家と打合せの上、特製の友情表示人形《フレンドシップドル》を作ることにした。背丈は一呎五吋、手足は動くやうにつなぎ、目は睫をつけて動くやうにし、髪は縫ひつけ、胴には綿をつめ、それから、マヽーと聲を出す仕掛である。

地方の店で買へば、着物なしで三弗であるが、當事務所を經て三箇一緒に注文するときは一箇二弗九十仙宛で、郵税は無料である。一ダース以上になると一箇二弗七十五仙宛とし、着物を着せると一弗高くなる。

ゴム付の人形は送つてはならぬ。何となれば、氣候の影響で、ゴムが離れて人形の手足がばらばらになる恐があるからである。

幾つ人形を贈るか

日本の公立學校には六歳から十四歳までの女兒が約四百五十萬人居るから、米國の子供から十萬以上人形を送るやうにしたいとは委員の希望するところである。

女の兒はどんな仕事をするか

女兒は人形を選び衣服を作るとして、人形の名は男の兒と一緒になつて全級でつけなければならぬ。此の事が全部報告されると、どれ位、違つた名がつけられたかといふことを調べて見るのも面白いことであり、また人形の名としては、どんなのが一番子供に好まれるかといふことも分るであらう。

男の兒はどんな仕事をするか

此の親善計畫は女兒だけの專有すべきものではなく、男兒もまた使者人形《メッセンジャードル》が持つて行く友情と理解との手紙を、日本へ送付する仕事にたづさはるつもりになつてもらひたい。男兒は事務の方を受持つて切符係となり、また會計係として働く。

兒童は人形や衣服の買入と、旅行に入用な金を、自分達の手でこしらへることも出來る。

各學級や生徒仲間で兒童劇、野外劇のやうなものを催し、父兄や友人達を招待して、僅な入場料を取れば譯なく右に必要な金をこしらへることが出來る。男の子は事務の方を引受けてその催しの廣告をしたり、客を招待したり、又は入場券を賣りなどして大いに助力する。

若し兒童が寫眞機を持つて居るなら、お人形さん達の長の旅路に上る用意の整つたときに、乘船券や旅券を手に持つて居る姿の寫眞をとり、その上、級兒童の寫眞をもとつて地方新聞に送り、それに級が活動した記事を添へるやうにしたい。本會事務所の地方支部でもかういふ寫眞や記事を送つてもらふことを喜ぶ。

教師や母親はどんな仕事をするか

教師や母親は、此の人形使者計畫を、教育の上に有益な出來事として利用するやうにしたい。先づ人形の行き着く日本の事及び旅行の道筋など研究するがよい。旅行の事、諸外國の風土に關する事、外國の人種や言語に關する事、外國人の習慣や服裝等に關する話は、兒童に取つては最も興味のあることであらう。此の種の話は、日本に關した材料だけに限らず、東洋全體を含んでよろしい。考のある指導者は、右の事柄に就いて有益な資料を集める方法を工夫し、それによつて兒童の知識を廣め興味を呼び起すことが出來る。此の計畫の最も價値ある點は、多數の米國兒童や其の兩親に、國際的な考を深め、日本に好意を持たせる機會を與へるといふ點にある。隨つて米國に對する好意が日本に於ても呼び起されるといふ大いなる利益がある。

親善手紙

各學級では、人形につけて送る親善の意味を含んだ手紙を書かなければならぬ。　通信は百五十字か二百字以下のもので、出來るだけこれをタイプライターで打ち、若しタイプライターでなかつたら、明瞭にこれを認めるやうに注意すべきである。さうして、此の計畫にたづさはつた兒童は、皆署名する事を忘れてはならぬ。

また日本からお禮の手紙が來るかも知れないから、それを受取る一人の代表者の住所氏名を書いて置くがよい。

人形につけた手紙の寫と、此の仕事に關係した總ての子供の住所氏名とは紐育の本會事務所へ轉送する爲に、それを地方委員に是非差出してもらひたい。

乗車乗船の切符と旅券

外國へ旅行する者は、皆適當な切符を求めなければならぬが、今回の人形旅行の切符は本會の、地方人形旅行係から渡すことにする。

學校等の庶務及び切符係（男生）は千九百二十六年十一月十五日前に本會の人形旅行係に申込書を出さなければならぬ。これは適當な旅行の便宜を得る爲に必要なことである。

旅行すべき人形の數が多いので、鐵道や汽船會社から特別割引をしてもらふことにした。卽ち一枚の切符が九十九仙で、これは米國内の汽車賃、太平洋渡航費、日本に於ける到着地迄の汽車賃、及び其の配布の費用をも含んで居る。

切符の外に人形はめいめい旅券を持たなければならぬ。これは米國政府から日本政府にあてた一種の紹介狀で、此の旅行者が品行方正な米國市民であつて、日本滯在中も常に注意して日本の國法を守ることを保證するものである。旅券が効力を有する爲には日本總領事の査證を要するのであるが、此の査證は日本政府が旅客の旅券を調べて其の入國を許すのみならず、なほ日本滯在中よく其の旅客の世話をしようと約束するものである。今回の旅行につき、適當に査證された旅券は人形旅行係から渡されるが、其の手數料は一仙である。

人形の展覽

町や村の兒童にも是等の人形を見る機會を與へるがよろしい。人形の展覽は教師が生徒を連れて來るに都合のよい時間を選び、又人形は兒童が其の周圍を廻つてよく見ることの出來るやうにならべて置かなければならぬ。

又其の土地の日本品販賣者と打合せて、一、二週間日本特有の生產品たる人形、磁器、きもの、扇子、提灯等を陳列して置き、教師が案內役となつて混雜しない時間に全校の生徒に見物させるやうな事を催してもよい。

使者人形週間《ドルメツセンジヤーウイーク》

十月の第一週を地方の人形販賣店で使者人形の週間と定め、此運動に對する一般の注意をひく爲に、適當なポスターを窓に掲げることとにしよう。

團體や家庭に於ける送別會

人形が本會事務所の指定した場所へ送り出される前に、各團體や家庭では送別會を開き、その節の茶菓には果物、せんべい、麥茶、カステラを用ふることを勸める。是等は皆日本で一般に用ひられるものである。日本國內の旅行や風景の繪は此の催しに大いに興をそへるであらう。

各地方《コムミコニテー》使者人形《ドルメツセンジヤー》委員會《コムミツテー》

各地方《コムミユニテー》において既に存在せる何等かの委員會が、使者人形の計畫に關して、其の地方の爲に、特に力を盡す樣になつてゐなければ此際至急にその委員會を設けられたい。

地方《コムミユニテー》委員會《コンミツテー》は諸學校、敎會、基督敎女子青年會、女子豫備隊《ガールズレザーズス》、少女スカウト、女子露營團《キヤンプフアーヤーガールズ》、父兄敎師會《ペアレントチーチヤーズアツソシエイシヨン》、各種青年團體、婦人倶樂部、男子倶樂部、同志者集會所《ロツヂ》、內外布敎師會及び其の他此の計畫に興味を有する團體の代表者を以て組織することにし、是等團體の代表的指導者は互に相談して、出來るだけ早く此の委員會を作られたい。

委員會の事業

使者人形委員會の仕事は、先づ第一に地方《コンミユニテー》人一般に此の計畫を廣く知らせることと、次には人形を求め、着物を着せ、指定の通りに送附するやう、母親、敎師、兒童等に注意をひき起させることとである。

委員の一人はこの計畫に關する公表の事を引受け、且其の地方の新聞關係者と連絡を取るやうに働かなければならぬ。

日本人の生活を知るに足るべき演劇等を幾つか利用すること

もよい方法である。若し地方の團體で此の種の劇でも催すならば大いに興味を呼び起すことが出來よう。注意書の紙上に示した「ブックス、オブ、グッドウィル」（好意の書類、二冊）の中には適當な劇が澤山載つて居る。

右の様な催しの入場料は使者人形を送るに必要な財源を得る幾分の助となるであらう。

地方委員で人形の接待會《レセプション》を催し、入場する者には一箇の人形と一弗を出させることにし、なほ人形のやうに着飾つた兒童は無料で入場させるなどの計畫も面白いことと思ふ。

又委員は人形の送別會を地方の人に都合のよい十月、十一月中に開いてよいが、平和克復記念日《アーミスチースデー》が其の日として最も適當であると思はれる。しかしどんなことがあつても、千九百二十六年十二月二十日より後れてはならぬ。學校から使者人形を此の送別會に出せば、其の學校の兒童は見物することも出來るし、又此の會に加はることも出來る。

地方《コムミユニテー》に於ける送別會

地方に於ける送別會は出來るだけ大々的に、民衆的に又面白くしなければならぬ。此の事は一般教育のために非常な好機會たらしめることが出來るからである。演說者の一人は大地圖を掲げて旅行の說明を與へる。即ち汽車で桑港まで行き、次に太平洋航路の定期船に乘つて、布哇を經て橫濱につき、そこから東京に到着するまでの行程を話すやうにしたい。一體米國から日本に行くお客の人形は、東京から鐵道や郵便配達等によつて、日本國內の都市及び農村の各學校に送られることになるのであるから、各學級に人形一つ宛になる位に澤山贈ることが望ましいのである。

人形は容易く見えるやうに陳列しなければならぬ。旅行の仕度をした人形が手に旅券や切符を持つた有樣などは、大に子供達を喜ばせなほ小さなスートケースでも持たせて置いたならば、いよいよこの人形が遠い國へ出發するのだといふ感じを起させるであらう。

年長の男兒か女兒かが司會者になり、兒童は送別の辭を述べ、學校で習つた唱歌をうたひ、又人形の持つて行く一二の親善手紙を讀み上げ、最後に、人形を一つだけ舞臺の上に連れて來て、小さな子供に握手させて、「さよなら《グッドバイ》」と挨拶させる様にすると、極めて强い印象を與へるであらうと思ふ。

重要なる注意の箇條

一、總べての人形が實際出發すべき最後の日は十二月二十日であるが、多數の人形は十月及び十一月中に旅立つ様にしたい。旅行の混雜をさける爲に、出發が早ければ早い程よいのである。

二、地方《コムミユニテー》での送別會《フエアウエルリセプシヨン》は地方の人に一番都合のよい日に定めてよろしいが、その送別會に殘らず人形を出席させなくてもよい。若し送別會がかなり早く開かれるなら、後れて着いた人形は送別會後速かに出發させるやうにし、若し送別會が遲く開かれることになれば、代表的に二三の人形を殘して、多數の人形は開會の前に早く出發させることにしてもよい。是等の手筈はその地方から送附する人形の數次第によることである。

三、人形は一つづゝ注意して丈夫な紙函に入れ、着換の衣服や、手紙、切符旅券等も亦同じ函に入れて、强い紙でそれを包み、更に紐でしつかりと結んで、使者人形地方委員長の處に屆けて貰いたい。

四、地方委員《ローカルコムミツテー》は人形が皆新らしく、服裝も適當で、友情好意のお使として日本に行くに何れの點から見ても似合はしいものであるか、又皆切符や旅券や手紙を持つて居るかを調べられたい。

五、委しく記入した報告用紙を各人形に附けて貰ひたい。これは稅關吏に渡す目錄をつくる爲に中央事務所で必要であるから。

六、人形と報告用紙とは郵稅を拂つて州《ステート》又は地方《ローカル》の委員に送附せられたい。さうすれば其處から中央事務所の指定した處に送り出される。

七、日本政府は文部省又は特別委員の手を經て日本の諸學校にこの人形を配布する。此の配布は千九百二十七年三月三日の木曜日に間に合ふやうに行はれるであらう。

⑪ 人形交流の時代背景

わたしが北小学校の児童に手作りの冊子「青い目の人形ウォヘロちゃん　波乱の六十年」をまとめた時、何故この人形交流事業が行われたのか疑問に思い、改めて当時の日米関係や時代背景を調べてみたことが思いおこされる。

その冊子の編集後記には、「大正十一年にワシントン軍縮会議が開かれ、アメリカは会議の主導権を握り、極東の均衡を図るリーダーとしての役割を果たし、イギリスの役目を完全に奪い取った。こうしてできた新たな日米関係を背景に展開された友情の人形交流であったこと。その直後の世界恐慌と日本では関東大震災等が重なり揺れ動く社会の中で大きな不安にさらされていた日本の人々の様子」などを把握していた。

これがきっかけとなり、その後も、この時代の具体的なアメリカでの排日活動の事実が掲載された数冊の書籍が目に止まり読み進める中で、アメリカに移民した二十三万人もの多くの人々の苦難の状況が実感できるようになった。

特に、渡部昇一著「新憂国論」の中に当時の具体的な排日運動の内容が記述されていることを知った。

アメリカでは、日本人について有色人種の分際で難攻不落といわれていた旅順の要塞を陥落させ、コサック騎兵の活動を封殺し、アメリカ海軍に匹敵するほどのロシア海軍をものの見事に全滅させてしまうような有色人種の国家が台頭してきたこと。

そのうえ、超一流のイギリスと対等な日英同盟を結ぶにいたり、アメリカにとっては、たまったものではなく恐れさえ感じていたというのである。

一方、アメリカ国内では、西海岸にシナからの移民が住み着いていて上手に商売をし財産を持つまでになっており、そこに大陸横断鉄道が完成し、東欧やアイルランド、スコットランドからの移民が大挙押し寄せ、シナ人の居留地を襲撃し追い払い、財産を強奪したのである。

シナ人排斥運動の初めは、私的なものであったが、そのうち地方自治体が先頭にたって行うようになり連邦政府は、この動きに批判的であったが、猛烈かつ執拗であったため、ついにシナ人の移民を完全に禁止する法律が成立してしまうのである。

その後が、日本人排斥へと重点が移っていくのである。特に、日ロ戦争の翌年の一九〇六年あたりから日本人を徹底的に排斥したのである。

サンフランシスコ大地震があり、校舎が壊れたり焼失したりしたことから、日本人と韓国人の学童を別の学校に移すこと。

一九一三年には、「排日土地法」を成立させ、日本人の土地所有が禁じられ、「黄色人種は帰化不能外国人であって、帰化権はない」とし、しかも、その運用を過去にまで遡るという恐ろしく非近代的なものだったのである。

また、「アメリカ合衆国で生まれた子どもは、すべてアメリカ国民である」という合衆国憲法に「ただし、日本人移民の子どもはアメリカで生まれてもアメリカ人とはしない」という補助が付け加えられているのである。

そのうえで、昭和五年、さらに万里の長城のような関税をかけて日本商品の輸出を止めＡＢＣＤ包囲網によって原材料の輸入を止め、ハル・ノートを突きつけ、どこまでも日本を追い詰めてきたのである。

「そこまでされれば、モナコやルクセンブルクでさえ宣戦布告をする」という状況をつくりあげていったということである。

ＡＢＣＤ包囲網

対日経済制裁をしていたアメリカ合衆国、イギリス、中華民国、オランダの各国の頭文字を並べたもの。特にアメリカによる経済制裁は、在米資産凍結、石油の禁輸という厳しいものだった。フーヴァーは、「フリーダム・ビトレイド」の中で「これこそ日本に対する宣戦布告なき戦争であり」「アメリカを戦争へ誘導していったのは他ならぬルーズベルト大統領その人であった」と書いてある。

ハル・ノート

　昭和十六年、開戦直前の日米交渉においてアメリカ側から日本側に提示された交渉文書である。アメリカのコーデル・ハル国務長官の名前からこのように呼ばれている。

　中国及びインドシナからの日本軍の即時撤兵を求めたもの。それ以前から八カ月も日本軍の中国からの撤退について地域、時期、規模などの条件について交渉してきた。

　その交渉を無視して突然、即時かつ無条件の撤退を要求したのがハル・ノートであった。日本の全面降伏か戦争かを選択させせようとしたものである。

マックス・フォン・シュラー著「太平洋戦争・アメリカに嵌められた日本」の中から、その一部を紹介したい。

当時、アメリカ人だけでなく、キリスト教国の白人は、「有色人種は劣っている。自分たちが世界を支配するのは当たり前だ」と考えていた。ところが、有色人種で非キリスト教徒の日本が、白人でキリスト教徒の大国ロシアに勝利した。アメリカ人を含む白人の目に日本人が有害な存在と映り始めたのは不思議なことではない。

日本人はよく働いたから、白人は自分たちが劣勢に立たされることに恐れをなした。これにどう対応したかというと、仕事そのものでは太刀打ちできないので、別の面で嫌がらせや妨害をしたのである。

日本人排斥の初期段階で有名なのは、サンフランシスコ大地震で学校が壊れたことを名目として日本人児童を公立学校から東洋人学校へ転校させたことだ。

また、低賃金で働いた日本人移民は資金を貯めて農地を買い取り、農業生産者として成功するケースが出ていた。白人の農園主等はそれを潰そうとし、アメリカに帰化する資格のない外国人〔日本人を含むアジア系の移民〕の土地所有を禁止する法律だけでなく、アメリカで生まれて国籍を持っていた子どもの名義で土地を購入することもできないようにしていくのであった。

その後、日本人を対象とする黄禍論が強くなっていくのであるが、カリフォルニアの海岸に日本人の漁師が協同して漁港をつくったとき、新聞で「日本帝国海軍の秘密基地だ」とでっち上げの記事などにより日本人のイメージを悪くしていった。

日系移民の排斥は一気に進んだのではなく、一九〇五年から二十年近い間、時間をかけて行われ、日本のディモナイゼーション〔悪魔化〕のイメージづくりが進み日米関係が悪化していったのである。

「太平洋戦争の大嘘」～47年隠され続けた元大統領の告発～（藤井厳喜著）を一読し、日本に対しての排日運動が当時の世界の動きの中で展開されていく様子をよく理解することができた。

ルーズベルト大統領の前の大統領を務めたハーバート・フーヴァーという人物で歴史家としても立派な方で二十冊くらいの著作を執筆している。その最後に大著を残した。

それが「フリーダム・ビトレイド」、日本語に訳すと「裏切られた自由」という本である。ところが、この本は、なんと五十年近くの間、出版されなかった。

なぜ出なかったのか、というと「本当のことが書いてあるから」「知られてしまうとまずいことが書いてあるから」出せなかったというのである。

二〇一一年（平成二十三年）にフーヴァー研究所から出版され、日本の軍国主義とデモクラシーの正義の戦いであると言われてきたことを否定しているのである。

この内容は、自分は大統領としてああやった、こうやったというような回想録ではなく、第二次世界大戦とは何だったのかを論じる第二次世界大戦論であり、アンチ共産主義論になっている。

コミュニズム（共産主義）は、アメリカ一国の話ではなく、世界を蝕んでいるたいへんな害悪であると喝破し、これと戦わなければいけないという強い使命感を持っていた。

そして、アメリカがルーズベルト大統領時代にどれだけこのコミュニズムに侵略されていたのか、ということが詳細に書かれている。

フーヴァーが大事にしてきたこの価値観をアメリカから共産主義によって浸食され、その自由がどれだけ裏切られてきたか、そして、ルーズベルトの時代が、いかにアメリカが本道から外れて、ひどい国家になっていたかということが、この「裏切られた自由」というタイトルの中に強く込められている。

また、アメリカでは、第二次大戦というのはファシズムや軍国主義とデモクラシーの戦いであり、正しい、正義の戦いであったという歴史観が今日でも主流を占めている。

しかし、このフーヴァーの本は、そのルーズベルト史観に真っ向から挑戦状をたたきつけた。先の大戦は全くそういう構図のものではなかったしアメリカにとっても多くの戦死者を出した悲惨な戦争であったのであり、そもそもアメリカは第二次大戦を戦う必要がなかったと断言しているのである。

第二次大戦後、アメリカは超大国となったため、ルーズベルトを偉大な政治家であるとする見方が現在のアメリカでは一般的なのである。

著者の藤井氏は、まとめとしてこう記している。

私は、第二次大戦は、軍国主義とデモクラシーの戦いなどではなく、先進資本主義国家と後進資本主義国家の対立であった、と考えています。第二次大戦は、日独伊の後進資本主義が英米の先進資本主義国の覇権に挑んだ戦いでした。それに加えて、共産主義革命を推進したソ連が、英米の側で参戦したのです。もちろんそれ以外にも、日本から見れば、日本のアジア解放の戦いであったという意義もあります。

アメリカだけではなく、ヨーロッパ諸国においても「白人優位」という意識が強く、日本が台頭してきたことに対し「自分たちの考えや従来通りのやり方が通用しなくなるのでは」という不安から何とか対抗措置を講じなければという動向が伺える。

特に、国を動かす政府関係者の間では、こうした動きは顕著であり、メディアを見方につけ対処してきたのである。

ギューリック氏等の「アメリカは、白人優位説を捨ててアジア人への友好を図るべきだ」との訴えには聞く耳を持たなかったのである。

これに対し、広い土地を所有し農業を経営してきた者にとって、移民してきた日本人が土地を所有することにショックを受け、政府に懇願すれば「排日」ということで思惑は一致し、すぐに法律で禁止ということになっていったのである。

しかし、こうしたことに直接関係しない多くのアメリカ人は、新鮮な野菜や魚を供給してくれる誠実な日本人が身近にいて良好な人間関係を築いてきたのであろう。そこには日本人に対する偏見とか差別は少なかったと推察される。

ここに、「国民と為政者の乖離」という状況が生まれていたといえる。

アメリカで排日政策がとられるなかで、友情の人形を日本へ送るという計画が成功したのも、ふだんから親しく接してきた日本人との交流からごく自然に「日本と戦争にならないように」という市民の友好的な願いがあったことを忘れてはならない。

人形交流当時の時代背景を捕らえ、さらに太平洋戦争の総括に至るまで三人の著書をもとにまとめてきたが、アメリカ政府が日本人移民者や我が国に対し理不尽な政策をとってきたことが明らかになり、時代の流れを理解することができた。

⑫　世界の平和は子どもから

本書の表題は、躊躇することなく、この「世界の平和は子どもから」にした。

日本に人形を送るための冊子が全米に配布されたが、その表紙の上に日本語で「世界の平和は小供から」と印刷されていることを知ったときは、いったいこれは何なのかと戸惑い、驚きであった。

日本からアメリカに移民した人々は、結局「棄民」となり、アメリカ人でも日本人でもなくどちらの国からも何の援助もない状況に追いやられてしまったのである。

この大きな問題を解決しようと日米双方でいろいろな関係当局への働きかけがあったのである。

この経緯については、武田英子著「人形たちの懸け橋」～日米親善人形たちの二十世

アメリカで配布された冊子の表紙
（上に「世界の平和は小供から」と日本語で）

紀～に詳しく記述されている。

※「人形たちの架け橋」は、武田氏が全国を巡り収集した人形に関わる事例等とにかく人形に関する百科事典のような著書で、本書の各所にも引用させていただいた。

アメリカ社会の日本人移民たちは、反日の世論の中で苦境にあった。心ある日本人はこれを憂慮して「新移民法」を問い正そうとしていたが、日本政府に対策はなく、結局は棄民策にとどまるだけであった。

アメリカの新移民法に抗議したのは、頭山満、内田良平、右翼の団体、在郷軍人会、労働組合などであった。人々は抗議の集会を行い、各新聞も抗議の論陣を張った。

渋沢栄一氏は、日本人移民排斥の動向に注目し、信頼する人物を派遣したり自身が渡米したりアメリカ側の要人に書簡を送ったりして、数年間も努力を重ね、日米の識者とも協力して移民問題好転への道を探っていた。

渋沢氏は、ギューリック氏の申し出を受け「未来の国民たる子どもがお互いに相知り相親しむことが必要であるから、これに資する為に米国からお人形をが贈られることに相当効果を収めることが出来るであろう。」と述べている。

また、ギューリック博士の貢献については、次のように記述されている。

ギューリック博士夫妻の初来日は、今から百年以上も前のことである。大正二年に通算二十五年間滞在し、日本を去ったのである。

博士はカリフォルニアの土を踏んだ時、日本人移民排斥の排日法案が州議会で可決されたのに驚き、反対の請願書を提出した。全米キリスト教協議会と協議して、ウィルソン大統領や議会の指導者と会見し、日米間の友好回復を申し入れた。そして、博士は日本人居住の調査をし、それに基づいて洞察と理解に満ちた著作「日本問題」を出版した。

博士は、アメリカは白人優位説を捨ててアジア人への友好を図るべきだと説き、また、日本人移民に対しては、日本の道徳や商業の慣習などを考え直しアメリカでの生き方や、移民排斥の世論の中での忍耐の必要性を説いた。博士の活動を批判する者、反発する者も、少なくなかった。

「外国人土地所有禁止法案」は可決してしまったが、博士は、なおもくじけず、両国国民の理解と友好こそが共生の原点であるとの信念は変わらなかった。

博士は、米日関係委員会から派遣され、大正四年に来日し、大隈重信首相や加藤高明外相、さらに渋沢栄一氏とも会った。この時、博士は、「将来の国民」である子どもたちの心に、友情の種子を育てていくことに希望を託して、「友情の人形交流」を計画した。博士の真情は、次の言葉に表れており、これは、宗教者・教育者としての体験からの確信である。

世界平和が永遠にもたらされる方途は教育を通してのみ可能である。異なる国々、民族間のよりよい相互理解をもたらす新しい方法は、いつも求められてきた。新しい教育の課程が実施され今までに我々が知り得たものより、もっと高い理念ともっと寛大な精神的姿勢によって、後に続く世界がよりよいものであるように念じる。もし、世界の友好が実現した時には、国々の子どもたちは、お互いをもっとよく理解できるだろう。子どもたちは、本来友好的であり、お互いの行動や言葉に興味を抱くものだ。

この自然なありようも、成長とともに、不幸にも変化してしまう。その理由は、大人たちによる教育と偏見である。子どもたちの友好的な気持ちを表す機会が与えられず、他国の子どもも、人種の異なる子どもたちとの触れ合いが出来ないためだ。すべての子どもたちに、他国の子どもたちと、その暮らしに触れ合う機会を与えられるべきだ。

さて、全米に配布した人形を日本に送るための冊子の上部に日本語で印刷された「世界の平和は小供から」という意味合いについてであるが、ギューリック博士の考え方が根本にあることはもちろんである。

しかし、「日本語」でということからすると、平和を願いこんなに努力してきたのに理解されなかった方々の虚しい気持ちから、その鬱憤を暗に「大人はだめだ」「政府はだめだ」「差別や偏見はだめだ」という叫びでもあるように思えてくるのである。

渋沢栄一氏あっての人形交流

「公益の追求者渋沢栄一」～新時代の創造～渋沢研究会

揺れ動く日米間の難しい情勢のなかで、一民間人同志の人形交流を通し親善を図ろうとしたこの交流事業に渋沢栄一氏がいなかったらおそらく成立しなかったであろう。アメリカでは人形を日本へ送るタイムリミットが迫るなかで日本政府の回答がなかなかでなかったのである。これは、この事業の意義を認めながらもアメリカ国内の反発を誘発し、日本国内でも起こる反発が予想されたからである。

こんな時、いつも問題解決に向けて遺憾なく力を発揮してきたのが渋沢氏であった。「日本国際児童親善会」を立ち上げる際も、当初外務省、文部省の後援をはじめ各省の局長を会長候補としていたが、実際の発足時には、渋沢栄一氏だけとし事務的なことだけを文部省でとるように変更されていたのである。

また、金銭面での渋沢氏の貢献も大きかった。文部省だけでは人形の受け入れ、配布にかかわる費用を賄いきれず、全経費のほぼ半分を渋沢氏と「日米関係委員会」が負担しているのである。

答礼人形は、子どもたちの募金ということもあったが、不足金についても、人形計画の成功のため受け入れているのである。幅広い人脈をもつ渋沢氏の存在が不可欠であった。

渋沢氏が日米関係の改善を国民的立場からとらえ、悪化した対米世論を緩和するために、より自由な立場から政府間外交を補完する役割を担っていたことが分かる。民間人による国際文化交流の先駆的な実践として評価される所以である。

こうしてこの事業が悪化した対米感情を鎮静化するためにある程度の効果があったと考えられるが、「日系移民排斥問題」の文化的偏見を予防するために相互理解を図るという根本的な目的は全く浸透しなかった。渋沢氏の言う「国民外交」の担い手となる

日米の交流事業を支えた渋沢栄一氏

「国民」が未成熟であったのである。

「日米関係改善」が如何にして「世界平和」につながるかと、長期的展望と具体的な視点の欠落をもたらし、この交流の意味を曖昧にした大きな要因となったのではないだろうかとしているが、将来に向けて次の結びの言葉に注目したい。

人種的な偏見や文化的なすれ違いは、互いの理解を図ることで、近い将来確実に解決に向かうことであろう。

渋沢氏とギューリック氏が明日の子どもたちに託した夢の所産である人形交流は、これまでややもすると感傷的で情緒的なものとしてのみ捉えられがちであった。だが、その発想や方法論は、国際交流の原点として再評価される時期にきているのではないだろうか。

我々にいま必要なのは、日米関係改善にかけた渋沢氏のあくなき意志であり、国際的な文化理解の必要性を先取りした渋沢氏の生きざまを直視することではないだろうか。

折しもアメリカで起こった白人の警察官に膝で押さえつけられ亡くなった黒人の事件は、全米で黒人に対する警察の暴力と人種差別に反対する大規模な抗議活動に発展した。

当初は一部で警察との衝突や略奪などもあったが、その後、鎮静し平和的なデモは動員を増やし続いている。ニューヨーク庁舎前広場では、集まった若者の半数が白人だったことやヨーロッパ、オーストラリア、アフリカと世界に広がりを見せた。また、歴史に遺る数体の銅像が引き倒されることまで起きている。

黒人への暴力事件は今に始まったことではないが、今回は、今までのデモとは確実に違う動きになっており、これまでにない大きい抗議活動に発展している。

根の深い偏見、差別のこうした動きをこれからも見守っていきたい。

⑬　時代に翻弄された人形

「⑨　戦争で一変した人形の運命」で、温かく迎えられかわいがられてきた友情の人形たちが、戦況が不利に傾き始めると日本全国で竹やりでつかれたり焼かれたりして一万体以上の人形が無惨に処理されてしまったことを述べてきた。

当時のラジオでは、「あの人形を持っている学校では、すぐにたたきこわすなり焼き捨てるべし」と放送されていたが、国からの通達は無く、人形を受け入れた学校では歓迎され可愛がられてきた経緯を一番よく知っており、しかも「教育」という場で何故この様なことになってしまったのであろうか。

作家の武田秀子氏は、全国を巡り、人形のこうした経過を取材し、そのたくさんの事例を著作にまとめている。

幼かった子どもたちにとっては、いつまでも忘れることのできないその時の忌まわしい光景が思いおこされ、その事実を知ることができたということであった。

しかし、人形の処分に直接関わった校長にはとうとう取材することはできなかったということであった。全国的に人形を竹やりでつき焼却することがこれほどたくさん実行されてきたのか不思議である。当時の国や軍の方針に「忖度」する日本人の国民性とでもいうのであろうか。

また、令和二年のコロナ禍で自粛要請が出されたが、外国の例と違い政府が強制力のない「お願い」をしただけで自宅待機が徹底できた。「日本はすごい」と驚いた外国人もいたようだが、国民の間に過度に忖度し自主規制するシステムが働き、感染者をバッシングし相互監視を生んだとも言われ、「同調圧力」ということで日本の息苦しさにつながっていることも指摘されている。

友情の人形についても、「右へ倣え」の国民性がこのような悲劇的な処分に結びついてしまったのであろうか。「戦争に突入した以上仕方なかった」ということではすませたくない思いがある。

「青い目の人形」というタイトルで、東京在住の田島政雄さん（当時六十七歳）から地元紙にこんな投稿があった。

昭和二年三月、私は境野小学校（現在桐生市）の一年生だった。ある日受け持ちの女の先生が人形を抱いて「皆さん、こんどアメリカからきた人形ですよ。仲よくあそんでやっとくれ」と言って見せてくれた。歌にあるように目は青く赤毛の頭に帽子をかぶり、黒い洋服を着て靴をはいていた。

こんな立派な人形を初めて見たので今もはっきり覚えている。それからこの学校をおえて五十年、人形の悲しい運命を知った。戦争である。

親善の使者が憎い敵に変わるのだから戦争は恐ろしい。敵性人形撃つべしと子どもたちに命じて、竹やりで突かせたり焼いたりさせたそうである。

けれど戦争一色の時でも心のやさしい人がいて、人形がかわいそうでひそかに保護したとか。中でも東北のある小学校の女性教師が「白鳥になつて帰っておいで」と言って近くの沼に沈めたところ、戦後一度だけ白鳥が飛んできて「人形にも魂があるんですね」と語るこの人を見て感激したことがあった。

いつか生き残った人形たちの会があるデパートであり、行ってみた。その時、北小学校に健在なことを知った。さて、私の見た境野小学校の人形はどうしたろう。先年刊行された「さかいの一〇〇年誌」に人形のことは何も書いてなかった。ほんとうにあの人形はどうしたろう。

武田英子氏の全国の人形の行方についての取材のなかにも取り上げられていることで、わたしも竹やりで突いたり燃やしたりしない処分があったことを知り、ほっとした気持ちになり「白鳥が飛んできた」話には田島さんと同じように感動していた。

しかし、このように「沼に沈めた」とか「そっと土のなかに埋めてやった」等の話が美談となってしまってよいのかと思った。

沼に人形を沈めるということは「水責め」ということであり、土に埋めることは「生き埋め」ということである。なんともむごい話である。

そう言ったことからしたら、布団の入った押入に三十数年間幽閉されたということになる北小学校のウォヘロちゃんも同じかもしれない。

そのくらい戦争が引き起こす悲劇は大きいということである。

わたしが、戦時下のもとで人形の処分をしなければならないとしたらどうしたであろうか、自ら考えてみたことがある。それは、「近くにあるお寺の住職さんにお願いし預かってもらう」ということである。箱に人形と関係資料を全て一緒にして広い本堂の目立たない片隅に、それこそ「そっと置いてもらう」ということである。

時代が代わっても資料があれば学校から預かったものということも分かるし、人形の処分について何か問われても「すでに葬り去りました」と答えて間違いないのではと思った。

これに対しアメリカに送った答礼人形は、博物館等施設の運営資金を得るために売却されてしまった人形はあったが、戦争のために処分された事例はなかった。

ノースカロライナ州にある自然歴史博物館に展示されていた答礼人形の「ミス香川」の横には、昭和十八年に書かれた次の文書が残されている。

日本は、真珠湾に狂気の攻撃を行った。この侵略行為は、断固許せないが、日本を全滅せよということにはならない。現在一般の日本人は、一部の残忍な指導者に支配されているものの、今までも寛容の精神を持ち、平和と善意に満ち生きたいと願っている。

十五年前の日米間の友情人形展もそうだし、ここにある人形もまたその隠れた善意のあかしである。

植民地へ渡った人形

日本に受け入れられた友情の人形のうち、七六九体もの人形が、当時の植民地であった樺太（現在のロシア・サハリン）、関東州（現在の中国東北部）、朝鮮（現在の韓国・北朝鮮）、台湾（現在の台湾）にも送られているのである。

各地で同じように「アメリカ人形歓迎会」が開催されている。

樺太では、樺太教育会主催の歓迎会が盛大に催され、三日間で一万五千人もの観覧者がつめかけたということである。

朝鮮での歓迎会では、紋付き羽織袴で正装した日本の児童がアメリカ人宣教師の令嬢から人形を受け取りはなやかに開催され、民族服で正装した朝鮮人児童と肩を並べた記念写真が残されている。

また、各地の新聞にもこのことが大きく報道されたのである。

しかし、関東州大連では、当初大げさな人形歓迎会を催すが、これを米国への屈辱と感じた投書が「満州日日新聞」紙上に紹介されたのを契機に、次々と市民の不満が爆発し、歓迎会の是非を問う紙上論議へと発展し、ヒステリックな米国排撃論が紙上を席巻したのである。

アメリカからの「友情の人形」への強い反発や植民地の日本人のナショナリズムによるものであろうか。それらの投稿に中には「内心では毒牙をといでいるアメリカ人の人類愛や親善を、子どもたち吹き込むな」「母国の人形歓迎会は馬鹿騒ぎだ」「外国のことに追随し、排外気分を助長する校長や教員は不甲斐ない」などという意見もあった。

内地でも「人形歓迎ムード」への反対論があったが、それはそれとして当時の新聞には、人形歓迎の記事が掲載されていたのである。「友情の人形交流」の意図の分かりにくさや、国際交流の理想と現実との大きな差異などに、人々は問題を感じたり、議論を唱えたり、さまざまな反応があったのである。

特に、朝鮮での人形の扱いには、「日本化教育行政」の手法が加わり、巧みな変容があったことは、次の文章からも知ることができる。

米国から日本のひな祭りに人形を贈られた事実を利用して、日本の伝統文化の優位性がしきりに説かれた。そして、普通学校にも同様に人形を配布することで、日本人として日米平和を唱えるように朝鮮の子どもたちに強要している。この大連、朝鮮の二例から類推する限り、人形受け入れの時点から、人形交流の意図はすでに誤解されていた、といえよう。

これだけ大勢の人々が関わった人形交流という世界に例のない国際親善事業を通し、人形とともに人々も時代の流れに翻弄されてきたのである。

⑭　人形の里帰り親善事業

昭和五十八年、答礼人形「倭日出子《やまと》」が修復のため里帰りし、この時「倭富士男」が誕生し、新たにアメリカに贈呈された。これを機に日本全国に残された友情の人形が集められ、その年の十一月十日に「日米友情交換人形再会式」が神宮外苑の日本青年館で開催され、十二日にＴＢＳテレビで全国放映されたのである。

この催しは、アメリカのレーガン大統領夫妻が日本を訪問することになり、この機会に日本とアメリカ合衆国の友好親善を深めようと「友情の人形再会推進実行委員会」により企画されたのである。

この再会式の翌日から池袋の西武百貨店で「青い目をした人形展」が開催された。

北小学校のウォヘロちゃんは、その際、査証（ビザ）や「可愛いお人形が親善のお使い」の冊子、人形が発見されたときの「桐生タイムス」の新聞も貸し出されたが、人形の中には名前不詳というのも結構多く、北小学校の珍しい資料に来場者の目が向けられたということであった。

昭和六十三年には、ギューリック一世来日百年を記念して、一世と縁の深い熊本の有志の招きで三世夫妻と次女のシャロンちゃんが来日、各地の小学校を親善訪問して交流した。

同年四月に、答礼人形十九体をアメリカの所蔵館から持ち帰り、日本国内に残された「友情人形」たちと併せ展示する企画が実現した。「お帰りなさい答礼人形・青い目の人形交流会」が全国十カ所のそごうデパートで開催されたのである。国際文化協会では、全米に調査を広げ二十四体の答礼人形を確認し、十九体を里帰りさせることが可能となったのである。

ミス・ジャパン「倭日出子」や「ミス埼玉」などの展示はあったが、残念ながら「ミス群馬・上野絹子」はその中にはなかった。

人形再会式の模様

新たに贈られた倭富士男と里帰りした倭日出子

ギューリック三世夫妻。右は十一代目山田徳兵衛氏と武田英子氏

ミズリー州のセントジョセフ博物館の「ミス兵庫」は、所持品の屏風、行灯、茶釜セットも展示されていたが、地元でも答礼人形の認識や日本伝統の人形に対する評価も高く保存状態もよかったのである。

しかし、昭和二年の渡米以来六十一年の歳月が流れているため、他の答礼人形の保存状態はさまざまで、アメリカの学芸員には難題であったと思われ、着物の着くずれ、ひび割れ、傷みのひどいものもあった。これらの修復もこの展示会の大きな目的であった。

浅草橋の人形問屋、十一代山田徳兵衛が補修を引き受けたのである。昔から人形で結ばれてきた仕事仲間が「昔の人形を治すのは、またとない勉強になる」と参集した。

補修が進められる中で、「ミス新潟」とされていた人形の振袖から横浜の市章が出てきたり、「ミス静岡」とされていた人形の衣装から神戸の市章が見つかったりし、人形の取り違いがあることが判明したのである。

平成元年五月に国際文化協会会長より「昭和六十三年に十九体の『答礼人形』をアメ

リカより里帰りさせ、全国十都市で交流展が開催されましたが、今度は、故国を離れて久しい（青い目の人形）の里帰りを企画しました。日米友好の歴史の再確認とともに友情と信頼の尊さを訴えて参りたいと願っています。

つきましては、北小学校のウォヘロちゃんもぜひこの里帰りに参加させてください」という要請があった。

群馬県から八体の人形がその年の七月から半年ほどに渡ってアメリカへ親善旅行に参加したのである。

日本に残された友情の人形九十二体がアメリカに渡り、全米四カ所で「里帰り展」が開催されたのである。

ワシントンのキャピタル子ども博物館、ロサンゼルスのDENギャラリーなど各地で「友情の人形・里帰り展」が開催された。新聞社やテレビ局の取材があったが、ダートマス子ども博物館の人形展を知らせるニュースとして地元の新聞にウォヘロちゃんの写真が大きく掲載されている。

また、サンフランシスコのキャナリーコートヤードの会場では、当時の社会の様子や日本で歓迎された人形の様子を伝える写真などが展示され、アメリカの子どもたちをはじめ多くの人々が見学に訪れた。

ウォヘロちゃんは、翌年の平成二年に一月二十日に、北小学校に帰ってきたのである。

⑮　人形が持参したおもちゃ

友情の人形ウォヘロちゃんが持参したものに、かわいい小さいカップや軽い球をバランスをとって吹き上げて遊ぶ笛などがある。

それに、「ＪＡＣＫ・ＴＩＭＥ」という小さなボールと金属製の錨のような形をしたものがセットとなったおもちゃがあった。子どもたちにこのおもちゃを見せてやると「このおもちゃはどうやって遊ぶのだろう」という質問があったが、長い間そのままになっていた。

ところが、その遊び方が分かったのである。

わたしは、高時時代の陸上部の一級先輩で一緒に桐生市教育委員会事務局に勤務し、同じ年に教員になった「認定子ども園・すぎの子幼稚園・おおぞら保育園」の理事長・小池文司氏のところで退職後お手伝いをしてきた。

同園を卒園した小学生のクラブ活動があり、下学年と上学年に分かれ毎週一日二時間程学習、工作、外での遊び、スポーツなど子どもたちと一緒に過ごしてきた。夏休みや春休みには、尾瀬ヶ原の散策や至仏山登山をはじめカナダの小学校を訪問し交流するなどユニークな活動をして楽しんできた。

わたしの著書「友情の人形使節　ウォヘロちゃん」が平成十三年に文芸社から出版されたとき、小池理事長が著書を百冊程一括購入した上、クラブの子どもたちはじめ関係者に贈呈していただいた。

子どもたちに本を読みながら人形の歩んだ道のりを紹介する中で、子どもたちが興味を引きそうなおもちゃの話もしたのかと思われる。

その後、久しぶりに会ったクラブ員だった小池寛明君から「あのＪＡＣＫ・ＴＩＭＥの遊び方が分かった」ということを聞きうれしく思った。

学校で英語指導教員との交流があり、「子どもの頃、アメリカでどんな遊びをして

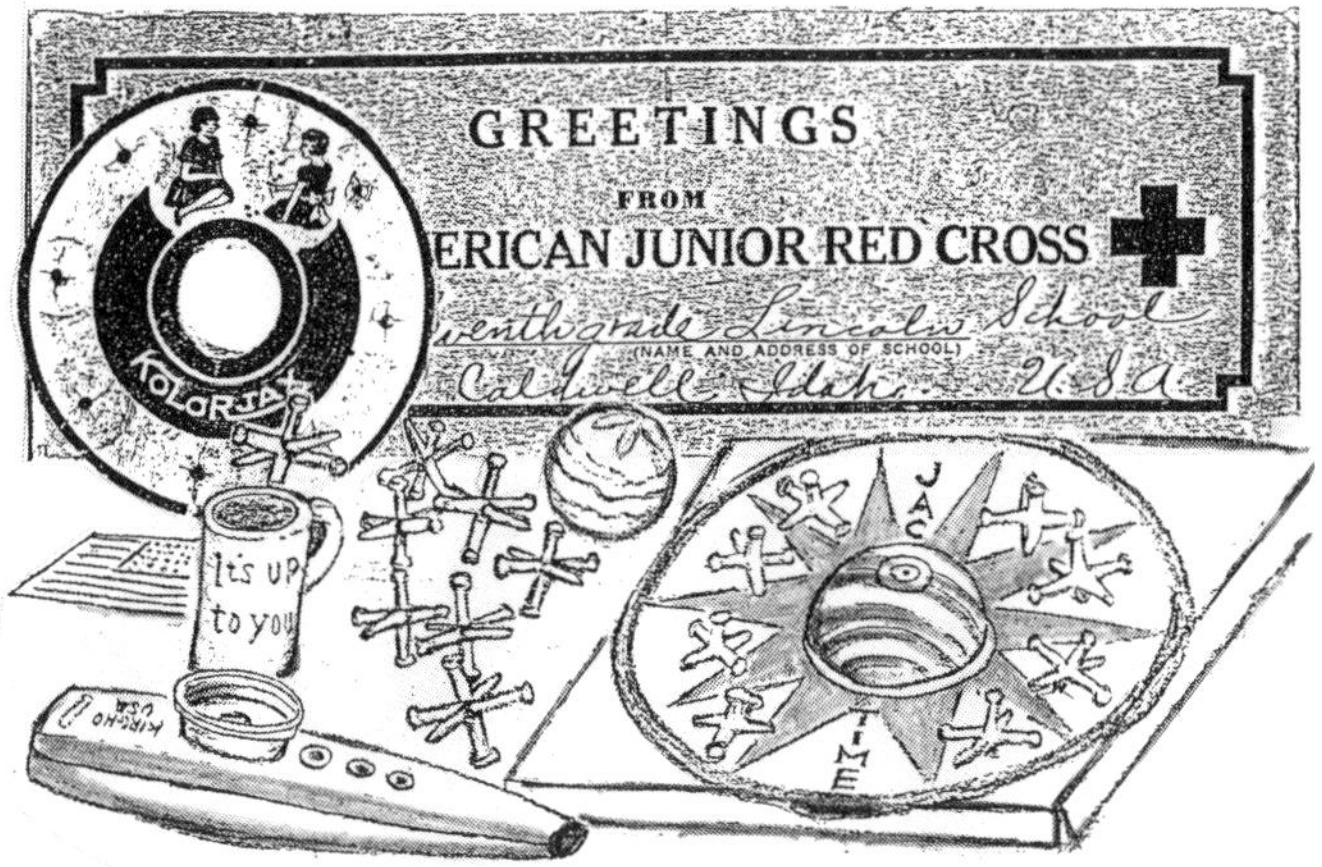

ゲームやおもちゃ

いたか」と聞いたところ「小さなボールを上に投げ、そのボールを落とさないで取るまでに、もう片方の手にいかりを何個取れるか競うゲーム」ということを聞き、あの「ＪＡＣＫ・ＴＩＭＥ」だということが判明したのである。

小池寛明君は、桐生市の「堀マラソン」で、中学生男子の部で優勝し、東洋大学陸上部でも活躍し、現在、わたしと同じく園の役員となっている。

⑯ 人形と関係資料の保存

わたしが桐生北小学校に赴任したのは昭和五十八年、創立百周年記念式典が丁度十年前に挙行された。記念事業の一つとして「郷土資料室」が設置され、地元から寄贈されたたくさんの農機具や家庭で使われてきた昔の道具などが展示されていた。

ウォヘロちゃんの関係資料は、その郷土資料室の中の、ガラス製のショーケースにまとめられ収納されていた。

その後、学校では「国際理解教育」などの取り組みもあり、特別に貴重なものであることから職員室横に立派なケースが設置され、学校を訪問すると、すぐ目につくところに移されたのである。

わたしは、本書を出版するため久しぶりに学校を訪問し、人形が持参した夏服や冬服などに着せ替え、写真撮影をさせてもらった。

また、資料を一つ一つあたる中で、⑮の「人形が持参したおもちゃ」で紹介したおもちゃの全てが見当たらず、「所在不明」ということになってしまった。

わたしはさっそく、在職中に撮影した写真を添え、「人形が持参した貴重な資料です。どこかで見かけたときは、すぐ校長先生へ連絡してください」と張り紙を用意し掲示してもらった。

また、親善事業などで人形を貸し出される場合など主催団体からの要請の文書や人形が返却された時の報告書なども貴重な資料であり、「⑭ 人形の里帰り親善事業」でも紹介した通り、アメリカでの人形の経過や写真など全てが後世に残される貴重なものである。正に人形の歩んだ歴史であり大事な足跡である。

歴代の学校長も、そうした書類は大事なもので破棄することはなかったが、一般の永年保存の書類に入れてしまい、長い歴史のある北小学校ではたくさんの書類の中から探し出すことはたいへんな作業になってしまった。

地元の「有鄰館」で、「おはなしの会」の読み聞かせなど、ウォヘロちゃんを貸し出して行われる催しもよくある。こうした場合も、開催のパンフレットや簡単な報告書でもいいからその内容が把握できる資料は残したい。

また、地元「買場ふれあい館」で貸し出されたウォヘロちゃんが展示され見学したことがあったが、展示場は無人で責任をもって管理される方が誰もいないというのにも驚いた。

多忙を極める学校では、そうした管理等難しいことかもしれないが、これからもウォヘロちゃんを守り、その歩みを少しでも多く残してほしい。

武田英子氏と河原井源次氏との交流

わたしの著書「友情の人形使節　ウォヘロちゃん」が出版され、さっそくお世話になった児童文学作家の武田英子氏に送ったところ、

「ご出版おめでとうございます。ウォヘロちゃんがどのように守られたかよくわかりま

した。このご本は、地元の皆さんに喜ばれ広まっていくことでしょう。よいお仕事をされました」

という礼状をいただき感激したが、その書状に「河原井源次さんに折りあればよろしくお伝え下さい」とあった。

「桐生明治館」で「六十年前の国際交流・青い目の人形使節展」があり、武田氏が記念講演会の講師として来訪し、その際、河原井氏から武田氏にレコードが贈られていたのであった。

わたしが桐生市の南小学校長となった折りに、学校区内にお住まいの河原井氏のお宅を訪問したことがあった。広い部屋には、仏像、カメラ、看板、蓄音機、レコード等の骨董品がたくさんあり圧倒されたことをおぼえている。

河原井氏は、この多彩なコレクションを文化的な催しや施設に惜しげもなく提供してきたが、これらの資料をいつも「どうすれば生きた使い方ができるか」考えていたということであった。

また、地元の天満宮の骨董市の仕掛け人であり、桐生七福神めぐり、日限り地蔵尊協賛会、桐生市教育資料室の「河原井文庫」、野間清治顕彰会の初代会長等幅広く活躍されてきた。桐生市の発展に大きな功績を残された方であった。

わたしが退職し、著書を持参して久しぶりに河原井氏宅を訪問した際には、記念にと「八方にらみねこ」という武田氏作の絵本と「横浜人形の家」「人形の家―ヨーロッパ編―」をいただいた。たくさんあるコレクションの中から、こうしてわたしにふさわしいものをすぐに選定できることに驚き、またうれしかった。

自宅に帰り、この「八方にらみねこ」を開いたところ、一通の手紙がはさまれており、表紙裏には、「感謝をこめて　河原井源次様　武田英子　一九八四年九月」とサインがあり驚いた。手紙には次の言葉がしたためられていた。

河原井様

本日は、まことに思いがけずありがたいお電話を頂き感謝のほかありません。

当方各地の取材に追われ、ルポルタージュの仕事は、苦労多くして実生活へのみのりは少なく「青い眼をしたお人形」のレコードのことは、おりおり心に浮かびながら入手はむりなものとあきらめていました（高価と推察します）。
それを、ご恵送いただけるとは――お礼の言葉もありません。ぜひ今回の記録中に生かしたく河原井様のお名前ともども書き止めさせて頂きます。レコードの到着を心待ちにしています。大切に保存します。」

武　田　英　子

同封の本は、いくつかの賞をうけ、イタリア・ボローニャでも賞をもらいました。
ご贈呈申します。

わたしの手元にあるこうした貴重な関係資料や書籍等全てを執筆中のこの原稿に位置づけて分類、整理し一括して北小学校か桐生市教育資料室に保存してもらい、活用してほしいと願っている。

夕刊 桐生タイムス　2008年（平成20年）3月31日 月曜日　総合（16）

河原井源次さん逝く

市井からまちおこし　桐生の行く末 案じ続け

実践的なまちおこしを市井から発信し続け、膨大なコレクションを地域のために役立ててきた河原井源次さんが、30日午前7時52分、療養中の自宅（桐生市新宿三丁目13の8）で亡くなった。90歳だった。通夜は4月2日午後5時半から、葬儀は3日午前11時半から、告別式は正午から、いずれも桐生市斎場で執り行われる。葬儀委員長は亀山豊文桐生市長が務める。

天満宮の骨董市で掛け合いを楽しむ、元気なころの河原井さん

ができるのか、それを考え続けてきた人である。

青年期には桐葉楽団で活躍。天満宮の骨董市の仕掛け人であり、桐生七福神めぐり、日限地蔵尊協賛会の先頭に立ち、野間清治顕彰会の初代会長として「ふるさとの風」シリーズを刊行し、島隆記念碑建立実行委員長をつとめ、投扇興の保存と伝承に尽くし、街かど博物館を実践。彦部家住宅の後援組織「鳳純会」でも会長として活躍した。

1999年に桐生ファッションタウン大賞を受賞。「このまち浪漫」の言葉が好きだった。

から、そこに命を吹き込むことに体を張って取り組んできた。長男の弘さん(60)は先日、ベッドで横たわりながら歌をうたい、演説をするかのようにひとり物語る父親の姿に胸を熱くした。桐生の行く末が「父は最後まで気にかかっていたようです」という。

「文化が抜け落ちたら発展はない」　熱い夢抱き 即行動

生まれはいまの相生町天王宿。ビルマから復員後、家業の自転車店を礎にして1950年に河原井商会を起こし、カブ号の特約店となり、河原井ホンダを設立した。

カメラ、看板、映画ポスター、レコード、映写機、蓄音機、骨董（こっとう）品。多彩なコレクション

の多くは、文化的な催しや施設に提供され、いつも市民のそばにあった。どうすれば生きた使い方

「政治と経済と文化は序列じゃない、横並びだよ。文化が抜け落ちたら発展はないよ」と、これが口癖だったのが、亡くなった河原井源次さんである。たくさんのコレクションの中身は、みんな社会の忘れものばかりだ

河原井氏の逝去を報じる桐生タイムス

⑰ 松井さんと人形のつくり

平成十四年一月に、「桐生おもちゃの病院」代表の松井利夫さんからお便りをいただいた。

地元の子どもたちが、壊れて動かなくなってしまったおもちゃを持ってくると、会員が手分けをして直してやる病院を長い間運営してきた方である。

会員は「ドクター」ということであるが、各会員に会報が定期的に配布されており、わたしの所に届けられた会報に情報として「是非読んでほしい感動の一冊・友情の人形使節　ウォヘロちゃん・桐生市北小学校の青い目の人形使節物語」というタイトルで著書の表紙が写真で紹介されているのである。

文章もA４サイズぎっしりに本の概要とともに「是非一読を」とあり、たいへんうれ

情報 1

ーーー是非読んでほしい感動の１冊ーーー

友情の人形使節 ウォヘロちゃん

ーーーーー桐生市北小学校の青い眼の人形使節物語ーーーーー

素晴らしい感動の本です。人形と一緒に贈られたのは、人形に託された愛情であり、”人の心”です。　著者は、大間々町在住の元桐生市南小学校長の、星野義二先生

童謡「青い眼の人形」（野口雨情作詞・本居長世作曲）1.921 年（大正 10 年）”青い眼をしたお人形は”-----は有名ですが、この童謡どおりの「青い眼の可愛い人形」が北小学校に到着したのは、1927 年（昭和 2 年）です。

贈り主は、アメリカのボランティア団体。可愛い人形の名前は”ウォヘロちゃん”名付け親は、ペンシルバニアのウイッサヒコン・キャンプファイヤー・ガールスの先生と子供達（WORK）健康（HEALTH）愛情（LOVE）の頭文字 WO-HE-LO から”ウォヘロちゃん”と名付けられ、人形用査証（ピザ）渡航パスポート・太平洋航路定期船の乗船キップ・着替え衣装や、挨拶状子供達の手紙・身の回り品の旅行鞄持って来日しました。

来日時の正装は、゛ガールス゛制服と同じで、紺ベレー帽・白い水兵服・赤いネクタイ・紺のスカート姿です。

゛ウォヘロ゛ちゃんの着替えは、冬はマント冬支度・春は青いワンピース・夏は花柄模様ワンピース・秋は赤いワンピースと、小さいアクセサリー・お遊びの”おもちゃ”出生地アメリカの地図も添えてあり、ママーと声も出し、横にすると目をつぶる精巧な人形で当時３ドル現在の日本円に換算すると、3 万円位。
洋服はボランティア団体関係者の手作りの、真心のこもった素晴らしい人形です。

日本各地には、アメリカの世界児童親善会が全米 42 州から 12.739 体が送られ群馬県には 142 体が配分されました。残念ながら太平洋戦争で、敵国アメリカ物はすべて壊され、現在残っている人形は極くわずかで、奇跡的に助かったのが、北小学校の「ウォヘロ」ちゃん人形で、この経緯を、星野先生は、永年多くの資料を丹念に調べ、子供にも判りやすく纏められた素晴らしい本です。

人形は何も語りませんが１体の人形に秘められた、多くの人の愛情に心を打たれます。子供達の゛ウォヘロちゃん゛の送別会に読まれた、「日本の少年・少女の皆さまへ」の手紙を紹介します。　「ウォヘロは、親善の使者として日本に参ります。どうぞウォヘロのお世話をお願い致します。そして必要の時には保護してやってください。人形はあなたのお国のいろいろな規則や習慣にきっと良く従うことと思います。」と書かれているのことです。

発行所　文芸社　2.001 年 12 月 15 日発行　定価 800 円

追記 妹人形「アンジェラちゃん誕生」—愛は永遠に—

平成３年５月、メリーランド州のシドニー・ギューリックさんより手紙が届き、祖父の提案で贈った゛ウォヘロちゃん゛が戦火を逃れて無事でいる事をしり光栄に思います。第二の友情の人形゛アンジェラ゛を贈りますと、同年６月ギューリックさん一家が来日され、北小では64年目にして可愛い妹人形を迎えたそうです。

しく思い、さっそく電話でお礼を申し上げた。その際、会員の方から「本屋に買いに行ったが、売り切れということで何とかなりませんか」という話を受け、手持ちの著書を届けてやったことがあった。

松井さんは、不在でお会いできなかったが、電話があり、「会員からのそうした反響があり、次号の会報に掲載したい」と伺い頭の下がる思いであった。

その後、「会報二月号追記」が送られてきた。

「〝友情の人形使節　ウォヘロちゃん〟を紹介したところ〝是非その人形を見たい〟とか〝人形のつくりは、よく歌われてきた人形のセルロイド製ですか〟等の質問に回答させていただきます。

この人形は、童謡に出てくるセルロイド製ではなく、本の写真で見る限り、ビスクドールという二度焼成した陶器の頭・手足と当時最高級の人形でセルロイドやプラスチックの人形には無い独特の質感があり、人間に近い存在感のある人形で、色褪せも少なく、目玉は一つ一つ硝子を吹いて目の部分に合わせてはめ込む職人芸の人形で『ウォヘロちゃん』のように、口をとじている人形は、特に高度の技術を持っている職人しか作れなかったようです。材質や製造過程はよく分かりませんが、とにかく、アメリカから来た貴重な人形使節です。よくも無事に保存された。関係者に感謝申し上げます」

さらに、「青い目の人形」の歌についても詳しく解説されていた。

こんなうれしい言葉に、わたしの方からも感謝申し上げたい心境であった。

おもちゃの病院の会員の皆さん方の日頃のボランティアの内容と人形に相通じるものがあり、その反応ぶりと、松井氏の博識、熱心な取り組みに感銘した。

こうしたやり取りをしていた直後、松井氏が突然亡くなってしまった。いつも「そのうちお会いしましょう」と言い合っていたが、実現することなく残念であった。

松井氏宅を訪問し、ご冥福をお祈りした。

⑱ 著書の反響

新たに発行された図書をはじめCD、ビデオなどを掲載し、全国の図書館や書店に発送される「新刊全点案内」というのがある。その平成十三年十二月四日号に、わたしの著書が紹介されていることから、文芸社からその冊子が「参考に」と送られてきた。

表紙がカラーで比較的大きく掲載され、内容のあらましとわたしの経歴が紹介されている。カラーで紹介された図書は、良書ということだそうで、発行部数一五〇〇部と少ないこともあるが、おかげさまで図書館などからの注文もあり、発売直後わずかで在庫切れとなってしまった。

その後、日本エッセイスト・クラブ賞への文芸社からの推薦図書に選定されたという知らせもあった。

地元では、桐生タイムス紙の「ＢＯＯＫベストセラー（ミスズヤ書店調べ）」に「ハリーポッター三部作」「声に出して読みたい日本語（斎藤学著）」に続き、第五位にランクされた。たくさんの市民の皆さんが著書を購入し読んでくれたこと、また、同紙の「なんでもダイヤル」欄に市内男性の方から「友情の人形に感動」というタイトルで、投稿には珍しいウォヘロちゃんの写真も添えられ枠で囲まれた目立つように配慮されていた。本を出版してよかったと実感し、ほんとうにうれしかった。

悪化してきた日米関係の親善を願って北小に贈られてきた人形は、不幸な戦争によって大多数の仲間が焼却されたり、捨てられたりした中で、北小の先生方の善意によって守られてきたのはまさに奇跡だと思います。

文字通り波乱万丈の道を歩んできたウォヘロちゃんの姿をくわしく知ることができて、星野さんの著書は、たいへんよかったと思いました。

大きい文字で文章もわかりやすいうえ、すべて漢字にふりがながついているので、すらすら読むことができました。著者も苦労されたことでしょう。多くの人に読んでほしいと願っています。

（市内男性七十代）

前項で松井氏の「おもちゃの病院」の会報に著書が紹介されたことに触れたが、ソニー生命の今泉照夫氏の「今泉通信」や桐生市水明会会長の山口和正先生のはからいで群馬県教育振興会の機関誌「振興ぐんま」に「感動を与えてくれた一冊の本」と著書を紹介していただいた。

それがきっかけで「振興ぐんま」から執筆の依頼があり、「ウォヘロちゃんの真価・答礼人形の行方・世界の平和は子供から」等、群馬県の人々に是非知ってほしいことを重点にまとめさせてもらった。

また、平成十四年には、手話サークル「桐の葉会」で長くボランティア活動で活躍されてきた須田あさよさんのはたらきかけで、桐生朗読奉仕会や桐生点訳文化会の皆さんにより録音テープ、点字本の「友情の人形使節　ウォヘロちゃん」ができあがり、桐生市の点字図書館に所蔵された。

さらに、平成十八年には、語りの文化の普及に取り組む「おはなしの学校」の森野幸

お話の学校　有鄰館

有鄰館を定席に

おはなしの学校

「おはなし会」定期開催

来月から毎月第1土曜に

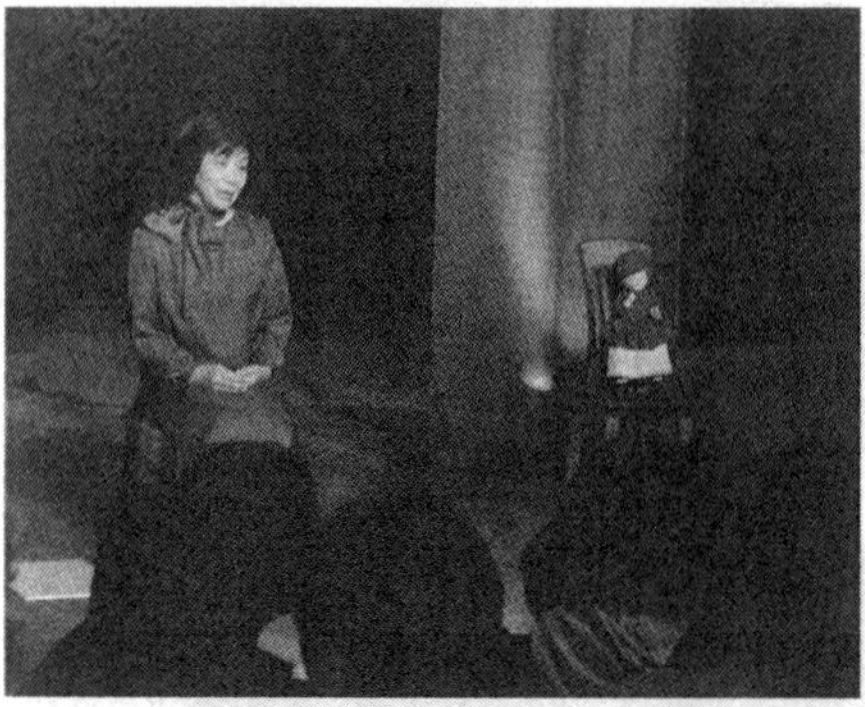

おはなしの学校の「鬼姫学級」のメンバーの発表会。星野義二さんの著作「友情の人形使節　ウォヘロちゃん」をテーマとした作品など、自作の物語12編が披露された（13日、有鄰館味噌・醤油蔵で）

語りの文化の普及活動に取り組む「おはなしの学校」が6月から、桐生市本町二丁目の有鄰館洋酒蔵で定期的におはなし会を開く。毎月第1土曜日の午後1時から同3時までで、桐生の民話の語りや紙芝居を上演する予定。おはなしの学校では「桐生天満宮の骨とう市などの市やからくり人形の上演と同じ日。桐生の文化を家族連れでぜひ楽しんで」と来場を呼びかけている。

桐生の民話題材に 語りや紙芝居上演

おはなしの学校は2001年に設立。「いつでも、どこでも、だれでもお話しに親しめるようなまちづくり」を目指し、毎月第2土曜日（午前11時ー同11時半）に桐生市立図書館でおはなし会を開いているほか、保育園、幼稚園、小学校などでの出前おはなし会や校語り、怖いおはなし会などを開催。また、末吉正子さんを講師に迎えた講座「鬼姫学級」など、語り手養成の研修も行っている。

洋酒蔵では、昨年の「手作り紙芝居講座」の受講生が製作した「十三（とさ）塚のキノコ」「火伏稲荷」「西方寺の大力和尚」「おっかーやーい」など、桐生の民話を題材とした紙芝居などを上演。「子どもだけでなく、大人にも桐生に伝わる民話を楽しんでほしい」と話

市内のベストセラーに

BOOK ベストセラー

ミスズヤ書店調べ

❶ハリーポッターと秘密の部屋（J・K・ローリング、静山社）1900円
❷ハリーポッターと賢者の石（J・K・ローリング、静山社）1900円
❸ハリーポッターとアズカバンの囚人（J・K・ローリング、静山社）1900円
❹声に出して読みたい日本語（斎藤学、草思社）1200円
❺友情の人形使節ウォヘロちゃん（星野義二、文芸社）800円
❻わたしたちを忘れないで（東ちづる、ブックマン社）1300円
❼種まく子供たち（佐藤律子編、ポプラ社）1300円
❽ももこのトンデモ大冒険（さくらももこ、徳間書房）1200円
❾プロジェクトX　挑戦者たち　8（NHKプロジェクトX制作班編、NHK出版）1700円）
❿すべての雲は銀の…（村山由佳、講談社）1800円

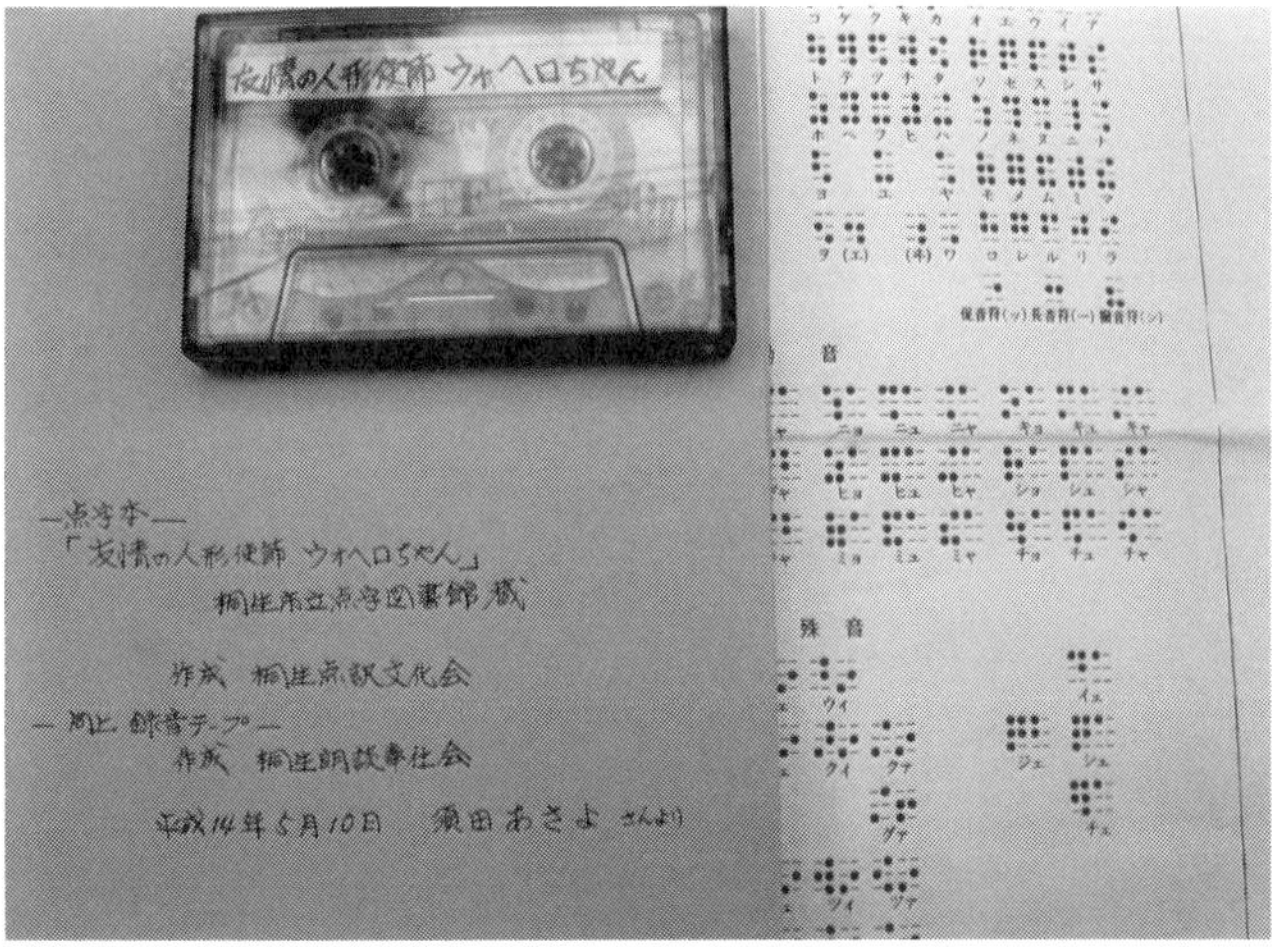

点字本と録音テープ

子さんにより桐生市の有鄰館のステージで、ウォヘロちゃんを隣にして、わたしの作品を語っていただいた。

このように桐生市の皆様の温かさやボランティアや文化活動の団体が積極的にかかわり、多くの方々にはたらきかけ幅を広げていただいたことに感謝し、改めて桐生市のすばらしさを感じ、うれしく思った。

⑲　お世話になった方々

著書を出版した後、河原井源次氏や松井利夫氏をはじめ前項でのボランティアや文化サークル活動の皆様の援助や協力をいただいたことも、みんなお世話になった方々であるが、出版する前に、著書の原稿をお届けし「気づいたことがあったら何でもお知らせください」と教職員時代からご指導いただいてきた先生方についてもここに書き留め紹介しておきたい。

桐生市教育資料室の大里仁一先生は、この資料室に勤務し膨大な資料を整理され、講師としてよく地元紙のニュースに取りあげられていた。退職した校長が数年で後任に後を譲るのが一般的なこうした職場にあって「大里先生でなければ」ということで、かなり長い期間務めておられた。

わたしは、先生から必要な資料をお借りしたり直接お聞きしたりして、著書の執筆にあたり気軽に相談できる窓口で、ありがたい存在であった。

上野富美夫先生は、わたしが教職に就いた時の同学年で、とにかく「学年だより」から指導方法、各書類の作り方まで全てご指導いただき、そのまま何かあると助言をいただいてきた。退職後は、ユニークな事典等を出版され活躍されていた。

ある時「桐生タイムス」の記者から「出版した本について」と取材があった。実は、上野先生が新聞社に連絡してくれたということを聞き、わたしのことをいつも心に留めていただきありがたく思った。

清水義男先生は、教職にあったときは、体育主任から始まり、教頭、校長時代と交流があり、ご自宅に訪問させてもらったことも何度もあった。

清水先生は、学校新聞の編集指導でも大きな実績を持ち、地域の民話再録では、たくさんの書籍を発刊し、わたしの本棚にも各地域の民話集が数十冊並んでいる。

わたしが兼務の南幼稚園長として勤務していた時、「幼稚園の創立七十周年記念式典」「園舎移転」という大きな事業を抱え、清水先生に「記念文集」の編集をお願いしたことがある。すばらしい「記念文集」が出来上がりほんとうに助けられ感謝の気持ちでいっぱいだった。編集から始まり出版などについても、たくさんのことを学ばせていただいた。

原沢礼三先生は、桐生市の社会科の教科指導員や中学年用で使用する桐生市社会科副読本の編集委員として長く活躍されてきた。ウォヘロちゃんや県内の友情の人形にかかわる具体的な資料をよく提供していただきありがたかった。

退職後は、桐生市出身で講談社を創業した「雑誌王」野間清治氏の顕彰会副会長兼広報部長を務め活躍されていた。

山本輝通先生だが、こちらは、内科医の山本先生である。

わたしも原沢先生の後輩として桐生市の社会科の教科指導員や社会科副読本の編集委員として取り組んできたが、四年生で学ぶ岡登用水を開削した岡上次郎兵衛景能公や戦後、桐生市から赤城山麓の昭和村に入り開拓した人々の苦難の歴史を現地に取材しまとめ編集してきた。たいへんな作業であったがやりがいのある仕事で、出来上がった副読本を手にしたときの喜びは大きかった。

実は、この副読本の最終校正を内科医の山本先生にお願いするのが恒例となっていたのである。編集委員は、いつも先生の結果を緊張して待ち、指摘された箇所を修正して無事終了となるのである。

山本先生とは、学校保健委員会の懇親会の席で、副読本でお世話になったお礼を述べたことがあったが、この副読本と同じように著書の校正についてお願いしたところ快く引き受けてくださりすっかりお世話になった。山本先生は、広辞苑に造詣が深く博学でいつも有益で面白い話をしてくれ、先生が出版された本をいただくなどお世話になった。


ある時、先生からお便りと一冊の本が届けられた。

山本先生と同じ日に生まれた「島田一郎さん」という方がおり、地名研究家で蔵書家としても有名な方ということで、一カ月に二回位来訪し、その都度昔の本を数冊貸してくれる移動図書館のような方で、その中で特に、わたしの著書に関係があることから島田さんから譲ってもらい贈呈してくれるということで、ありがたくいただいたことがある。

朝日新聞社編「昭和にんげん史2」の中に「日米親善人形」が収録されており、人形問屋「吉徳」十一代目山田徳兵衛社長は、答礼人形交流展がある度に会場に足を運び人形の着付けや補修に携わってきたのである。

先代から続くこの人形についての関わりや折しも人形の交流展などを通し興味深い話があった。特にその中で、昭和六十一年五月、横浜人形の家で撮った写真は、本書、「⑭人形の里帰り親善事業」の中に掲載させていただいた。

ギューリック三世夫妻の隣に十一代徳兵衛、そして、児童文学作家の武田英子氏の若かりし日の貴重な写真である。

このように大勢の皆さんにご指導、援助をいただきありがたく感謝申し上げたい。

武田氏から河原井氏に贈られた絵本「八方にらみねこ」

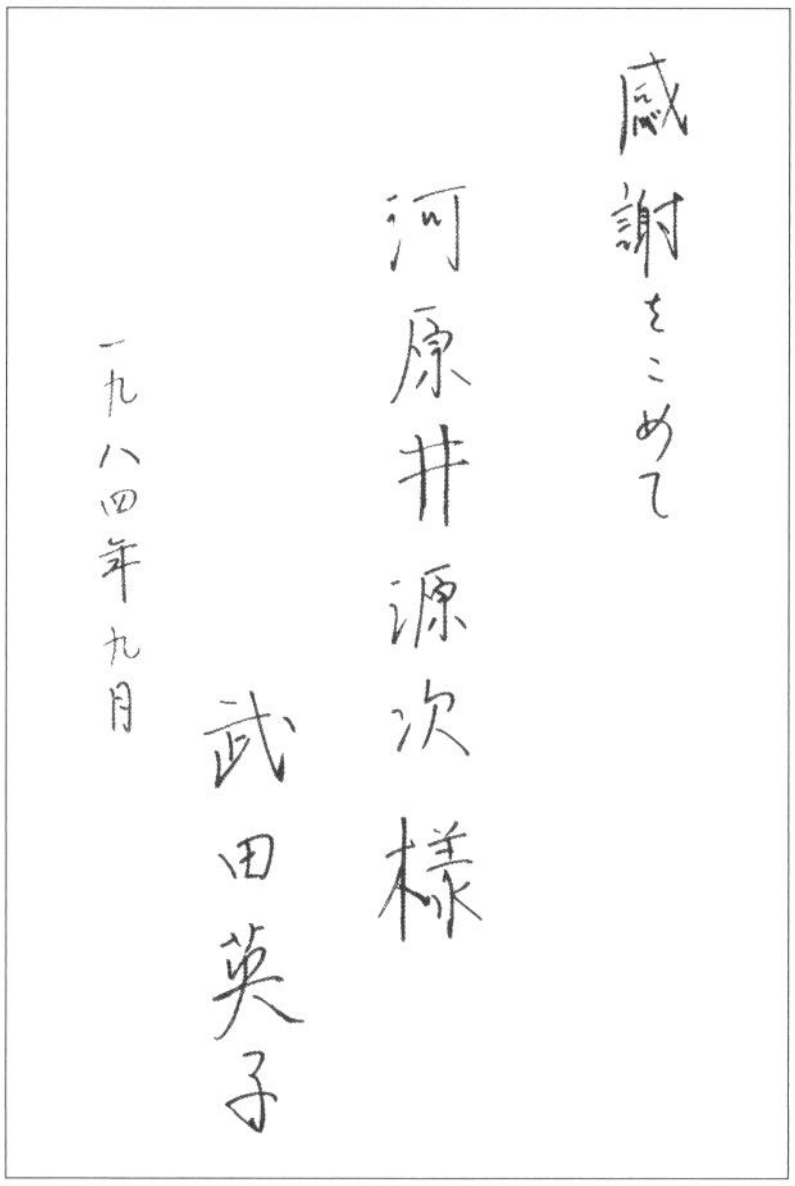

表紙裏のサイン

⑳ 宮村さん・ギューリックさんのこと

宮村さんのこと

幼稚園卒園生のクラブ活動で小学生を引率し、スキー教室を毎年楽しんできた。三人乗りリフトで「一緒によろしいですか」と声をかけられ、やはりスキー教室の前橋市の女性指導員と小学生と同乗した。

同じ教室ということで会話もはずみ「どちらからですか」との質問に「桐生市です」と答えると「わたしも生まれは桐生なんです」と言うので「学校は」と尋ねると「北小です」聞き「人形のウォヘロちゃん……」と言いかけたとたん大きな声で「星野先生！」と言うのでびっくりしてしまった。

雪が降っていたのでネックウォーマで顔を覆い、横並びで座っており、思わず「誰！」と言ってよく見ると、なんと著書の挿絵を画いてくれた宮村奈々江さんだった。

何という奇遇だろう。

北小学校に在職中、担任が出張のため補修授業に出向いたクラスで図工の下絵画きの場に立ち合ったことがある。その時、描く線そのものが生き生きとし見事な絵を仕上げていく子がおり、思わず「うまいね」と声をかけた。それが六年生の宮村さんだった。

この頃わたしは、北小学校の児童に「ウォヘロちゃん」のことを知ってほしいと思い冊子を作成中で、すぐに、宮村さんに「人形が炎に包まれ子どもたちが棒など持って人形の周りに立つ怖いイメージ」の挿絵を画いてほしいとお願いした。

難しかったと思うが、すばらしい挿絵となりありがたかった。

その後、著書を出版することになり、宮村さんに「アメリカでの人形送別パーティー風景」の挿絵をお願いするため連絡をとった。快く引き受けてもらった。

その時、中学校の美術の教師になっていたことを知り「やっぱり」と納得し、ほのぼのとした気分になった。

最終回の「日めくり随筆」には、当初「ウォヘロちゃんの妹の人形アンジェラちゃん」を贈ってくれたギューリック三世から届いた手紙の紹介をしたいと思っていた。しかし、新聞の原稿は字数が限られ思案していたところであった。

執筆直前に宮村さんとの偶然の出会いがあり、このことに触れたが、新聞を目にした高校時代の恩師から彼女に「新聞にお前が出ているぞ」と連絡があったという話を聞き、わたしの文を読んでくれ、このような反響があることをうれしく思った。

ギューリックさんのこと

アメリカ在住のギューリック三世宛、著書と次の手紙を送ったのである。

Dear Mr・Gulick

わたしは、一九九一年六月二十二日、桐生市明治館でギューリックさんから友情の人形アンジェラちゃんをいただきました桐生市立北小学校の関係の者です。ギューリックさんの国際親善のための熱意に敬服し、ご好意に感謝します。

この度、わたしは、この北小学校の友情の人形ウォヘロちゃんについてのアメリカでの誕生から今日にいたるまでの七十年にわたる波乱に満ちたドキュメントをまとめ本を出版しました。

謹んで「友情の人形使節　ウォヘロちゃん」を贈呈いたします。本文の翻訳がなく申し訳ありませんが、是非ご一読ください。

できればアメリカの人々にも、この世界にも例のない人形による国際親善のあったこと、また国際親善を図ることの難しさを読み取ってもらい、世界平和に向けての一助になればと願っています。

日本全国に残された数少ない友情の人形の中でも、このウォヘロちゃんほど貴重な資料が多く保存されている例はなく、その資料から贈ってくれたアメリカの少女たちの熱い思いが伝わってきます。

また、ウォヘロちゃんは、レーガン大統領が訪日した際の「日米友情交換人形対面式」に参加したりアメリカへ里帰りをしたりし、妹の人形をいただく等、改めてこれまでに人形がはたしてきた役割の大きさを感じております。

「世界の平和は子どもから」というギューリックさんの願いを、多くの人々に訴えていきたいと思います。

ギュウリックさんとお会いできる日を楽しみにしております。

この手紙文は、英文に翻訳して発送したいと思い、すぎの子幼稚園を卒園した小学生のクラブ活動でわたしと同じ講師をしていた英語教室の「オコーナー直子」さんにお願いした。

直子さんは、英語教師をしていたカナダ人と結婚した方で、クラブ活動の子どもたちや直子さんの主人とも一緒にバンクーバーの体験旅行をしたことがあったが、その時もすっかりお世話になった。

ギューリックさんから礼状をいただいた。辞書を引きながらであるが、書かれている内容はおよそ把握できたので、しばらくそのままになってしまった。

しかし、本書を出版するにあたり正しく日本文に翻訳しなければと思い、今回は、大学生になった孫の星野伶奈にお願いすることにした。

こんな時、いつも都合よく身近に援助してくれる人がいて幸せである。

二〇〇二年七月一九日

星野さんへ

こんにちは、アデルファイ（ニューヨーク）より、ここは今猛暑の真っ只中です。群馬のように美しい花々が咲く、そんな快適な天気になることを願っています。

ウォヘロちゃんの本二冊本当にありがとう。群馬県とりわけ桐生市を訪れた際、桐生明治館で一九九一年に行われた式典をわたしは確かに覚えています。貴方が書いた人形使節団に関するウォヘロちゃんを英語に書き換えて読みました。素晴らしかったです。

貴方の本を日本語で読める友人や高岡市で英語教師をしている娘のシャロンと共有するのが楽しみです。貴方が本に載せた写真はとても良かったです。

貴方が書いた本のような、この種の作品は、日本とアメリカ間の友好の架け橋を育む助けとなるでしょう。

わたしは、互いに、また出会えるよう願っています。わたしたちは、群馬県を訪れたすばらしい思い出をともに共有しています。

ひょっとしたら、既に「ヨコタ　ヒロタダ」さんを知っていますか。もし知っていたら彼に会うことがあればよろしくお伝えください。

妻のフランセスとわたしは、貴方と貴方の家族が健康で幸せで平穏な夏を過ごせるよう祈っています。

日米両国で五百三十万人もの人々が「戦争を避けなんとか平和裏に」という願いを込めた世界にも例がない人形交流という親善事業が実行されたが、忌まわしい戦争は回避されなかった。しかし、現在に至るまで関連した活動が展開されていることにこれからも注目していきたい。

また、「友情の人形使節　ウォヘロちゃん」の出版を通して体験した様々な出来事を「編集後記」としてまとめてきたが、この出来事を再確認し後世に生かせることがたくさんあると確信している。

さようなら

シドニー　ギューリック　三世

参考文献

「可愛いお人形が親善のお使」　一九二七年　日本国際児童親会
「人形たちの懸け橋」　～日米親善人形たちの二十世紀～
　　武田英子著　一九九八年　小学館
「お帰りなさい答礼人形・青い目の人形交流展」
　　一九八八年　国際文化協会・朝日新聞社・そごう美術館
「青い目の人形にはじまる人形交流」　一九九一年　横浜人形の家
「昭和にんげん史2」　一九八九年　朝日新聞社
「新憂国論」　渡部昇一著　徳間書店
「太平洋戦争」　～アメリカに嵌められた日本～
　　マックス・フォン・シュラー著　二〇一五年　ワック株式会社

「太平洋戦争の大嘘」
藤井厳喜著　二〇一七年　ダイレクト出版
「企画展・青い目の人形」～友情人形来日80周年記念展～
二〇〇七年　中之条町歴史民族資料館
「人形大使」～もうひとつの日米現代史～
高岡美知子著　二〇〇四年　日経
「公益の追求者渋沢栄一」～新時代の創造～渋沢研究会
一九九九年　東京集美堂
「同調圧力」～日本社会はなぜ息苦しいのか～
鴻上尚史・佐藤直樹著　二〇二〇年　講談社

友情の人形交流等　経緯

明治一一年　桐生市立北小学校開校

一九年　同幼稚園開園　↓　昭和二年（現西幼）小曽根町へ

大正　二年（一九一三）　アメリカ合衆国「外国人土地所有禁止法」可決

一二年（一九二四）　ギューリック「世界児童親善会」設立、「世界の平和は子供から」の理念を掲げ人形を贈る事業計画を全米に展開

一三年　新移民法アメリカ議会で可決（日本からの移民は禁止）

昭和　元年（一九二六）一〇月～一〇月二〇日
　　　　　　　　アメリカで人形とのお別れパーティー
　　二年（一九二七）　二月
　　　　　　　　「日本国際児童親善会」設立、渋沢栄一会長
　　二年　三月　三日　友情の人形歓迎式典　日本青年館
　　　　　五月　一日　群馬師範学校　一四二体の人形歓迎会
　　　　一〇月一九日　群馬師範学校　答礼人形（上野絹子）の送別会
　　　　一一月　四日　日本青年館で日本人形の送別会
　　　　一二月二七日　ワシントンナショナルシアターで公式歓迎会
昭和　五年（一九三〇）
　　　　　三月　　　三越のひな祭りミス・アメリカ以下二〇数体の人形招待
　　九年　　　　　「万国お人形博覧会」開催
一六年　一二月　　アメリカとの戦争勃発　太平洋戦争の時代へ
一八年　　二月　　新聞記事「青い目をした人形は憎い敵だ、許さんぞ」

二〇年（一九四五）

八月　ポツダム宣言受託、敗戦

四八年（一九七三）

三月　NHKテレビ「スポットライト」で利根村立東小学校の人形使節メリーが放映され、関心高まる

四八年　五月　「無事だったウォヘロちゃん」桐生タイムス

五三年（一九七八）

八月　青い目の人形五〇周年記念展示会」　新宿三越

五八年　一月　レーガン大統領夫妻来日、日米友情交換人形再会式

「青い目をした人形展」一〇九・本県八体　西武百貨店

六一年（一九八六）

一月　ギューリック三世夫妻が来日、「横浜人形の家」開館

記念講演「ちびっ子親善大使・人形使節団」が渡米交流

六二年（一九八七）　ギューリック三世「妹の友情人形」贈り始める

六三年（一九八八）　「お帰りなさい答礼人形・青い目の人形交流展」
　　全国一〇カ所　そごうデパート

平成　元年（一九八九）　「青い目の人形」ウォヘロちゃんはじめ九二体の人形が
全米四カ所で開催された「里帰り展」のために旅立つ
また、修復された答礼人形も一緒に帰途につく

二年　一月二〇日　ウォヘロちゃん、北小学校に戻る

三年　六月　ギューリック三世一家来訪、明治館にて妹の人形アン
ジェラちゃん贈呈式

五年（一九九三）　「懐かしのおもちゃと青い目の人形展」開催
　　北橘村歴史民族博物館

九年　「青い目の人形七〇周年記念展示会」開催　高崎高島屋

一一年（一九九九）　「青い目の人形展～日米友好のかわいい使節たち　七二年
目の同窓会～」開催　桐生明治館

一九年（二〇〇七）

「青い目の人形〜友情人形来日八〇周年記念展〜」開催

中之条町歴史民族資料館

「友情の人形」配布数・現存数　2007年3月現在

みやぎ「青い目の人形」を調査する会資料

都道府県	配布数	現存数	都道府県	配布数	現存数
北海道	643	25	滋賀県	135	2
青森県	220	8	京都府	262	7
岩手県	263	16	大阪府	429	5
宮城県	221	10	兵庫県	373	10
秋田県	190	11	奈良県	144	4
山形県	205	11	和歌山県	177	1
福島県	323	17	鳥取県	107	2
茨城県	243	10	島根県	182	2
群馬県	142	19	岡山県	238	3
栃木県	213	5	広島県	326	5
埼玉県	178	12	山口県	200	4
千葉県	214	10	徳島県	152	1
東京都	568	10	香川県	102	1
神奈川県	166	12	愛媛県	214	5
新潟県	398	12	高知県	187	1
富山県	150	6	福岡県	259	3
石川県	205	3	佐賀県	98	1
福井県	152	0	長崎県	214	2
山梨県	129	5	熊本県	241	2
長野県	286	27	大分県	182	4
静岡県	253	6	宮崎県	124	1
愛知県	349	10	鹿児島県	209	0
岐阜県	235	2	沖縄県	63	0
三重県	194	8	外務本省	1212	
			合　計	11970	321

この外に当時日本の植民地だった朝鮮、台湾、樺太、関東州への配布を加えて、合計12739体（渋沢資料）

アメリカ各州から送られた友情の人形体数

オハイオ州	2283 体
ペンシルベニア州	1935 体
ニューヨーク州	1436 体
マサチューセッツ州	966 体
ニュージャージー州	671 体
カリフォルニア州	461 体
その他の４２州	4987 体
合　計	12739 体

(1926 年)

アメリカでの答礼人形現存先

NO	出身地	現存先
1	ミス徳島	ワシントン州スポケーン・ノースウエスト芸術文化博物館
2	ミス福岡	オレゴン州ユージーン・オレゴン大学美術館
3	ミス石川	モンタナ州ヘレナ・モンタナ歴史協会
4	ミス兵庫	ミズリー州セントジョゼフ・セントジョゼフ博物館
5	ミス静岡	ミズリー州カンザスシティ・カンザスシティ博物館
6	ミス香川	ノースカロライナ州ローレイ・　ノースカロライナ自然科学博物館
7	ミス埼玉	サウスカロライナ州チャールストン・チャールストン博物館
8	ミス高知	ペンシルベニア州ピッツバーグ・カーネギー自然科学博物館
9	ミス広島	メリーランド州ボルティモア・ボルティモア美術館
１０	ミス三重	ネブラスカ州リンカーン・ネブラスカ州立博物館
１１	ミス富山	ケンタッキー州ルイビル・Ｊ・Ｂスピード博物館
１２	ミス京都府	マサチューセッツ州ボストン・ボストン子ども博物館
１３	ミス大分	マサチューセッツ州スプリングフィールド・科学博物館
１４	ミス青森	ニューヨーク州ロチェスター・ロチェスター博物館
１５	ミス奈良	アイダホ州ボイジー・アイダホ州立歴史博物館
１６	ミス和歌山	ネバダ州リノ・ネバダ歴史協会
１７	ミス新潟	コロラド州デンバー・デンバー人形、おもちゃ博物館

NO	出身地	現存先
１８	ミス山梨	ワイオミング州シャイアン・ワイオミング州立博物館
１９	ミス鳥取	サウスダコタ州ピア・サウスダコタ州歴史協会
２０	ミス北海道	アイオワ州プットナム・歴史自然科学博物館
２１	ミス山口	ニューメキシコ州サンタフェ・フォーク、アート博物館
２２	ミス京都市	アーカンーソー州リトルロック・アーカンーソー歴史博物館
２３	ミス岩手	アラバマ州バーミングハム・バーミングハム公立図書館
２４	ミス名古屋	ジョージア州アトランタ・ハイ美術館
２５	ミス大日本	ワシントンＤ・Ｃ　スミソニアン・インスティチューション
２６	ミス島根	インディアナ州インディアナポリス・子ども博物館
２７	ミス沖縄	オハイオ州シンシナティ・シンシナティ美術館
２８	ミス大阪府	オハイオ州コロンバス・オハイオ歴史協会
２９	ミス岐阜	オハイオ州クリーブランド・クリーブランド美術館
３０	ミス秋田	ミシガン州デトロイト・子ども博物館
３１	ミス山形	メイン州オーガスタ・メイン州立博物館
３２	ミス茨城	ウィンスコンシン州ミルウォーキー・ミルウォーキー博物館
３３	ミス大阪市	ニュージャージー州ニューワーク・ニューワーク博物館
３４	ミス樺太	デラウェア州ウィルミントン・デラウェア歴史センター
３５	ミス台湾	カリフォルニア州ロサンゼルス・ロサンゼルス自然歴史博物館
３６	ミス福島	ユタ州・個人蔵
３７	不明人形	コロラド州・個人蔵
３８	ミス岡山	ノースダコタ州ファルゴ・ノースダコタ州立大学
３９	ミス関東州	マサチューセッツ州ビバリー・個人蔵
４０	ミス朝鮮	コネティカット州ウェストハートフォード・科学センター
４１	ミス宮城	カンザス州ラーニッド・個人蔵
４２	ミス鹿児島	アリゾナ州フェニクス・フェニクス歴史博物館
４３	不明人形	ニューシャージー州・個人蔵
４４	不明人形	マサチューセッツ州・個人蔵

「人形大使」〜もうひとつの日米現代史〜　高岡美知子著

一九二七年、日本を旅立った答礼人形五八体の行方を追い、苦難の末に現在前頁の表に記した四四体の人形の所在を突き止め、カラー写真で紹介してくれたのは高岡美知子氏である。

日本に残る写真はモノクロで人形がカラーで見られるのは初めてである。

高岡氏は、各都道府県からアメリカに送った答礼人形の写真を取り寄せ、予め決められていた所蔵先を訪ね、その写真と照合して確認してきたのである。

実に十二年間にわたり「答礼人形を訪ねる旅」でアメリカ国内をおよそ百回近く飛び回ったのである。

アメリカに到着した当座、たくさんの展示会が開催され、その中で取り違いが発生していたり、人形が全部展示されているとは限らず、収納庫であったりし大変な作業であった。

No.2の「ミス福岡」が、写真との照合の結果、群馬県から贈られた「上野絹子」であることが判明したが、これも大きな発見であり喜ばしい限りである。高岡氏に感謝したい。

また、「個人蔵」となっている人形もあるが、世界に人形収集家は多くいて高値で売れることもあり、所蔵している施設の資金調達のため競売にかけられ売られてしまった人形もある。高岡氏は、他のめぼしい美術館や博物館等にも足を運び人形を探してきたが残りの十四体の発見はもはや難しいということである。

特別委員会会長のピーボディ女史は「今から百年のち戦争などということはもう地上からなくなり、国と国とが友達や兄弟のように楽しく暮らす時代がきたとき……」とはるかな未来に夢を託していたのである。

異なった文化の理解の媒体として人形を使うというアイデアのすばらしさ。人間に一番近い存在としての人形を実際の人間に代えてという先見は大いに賞賛されてよい。人形交流にかかわった人々、両国合わせて五三〇万人は、一人ひとりが親善大使の役を担って外交体験をしたことになる。

その高い理想を受け継ぐ運動は、日米双方で綿々と続いている。

あとがき

桐生市の北小学校在職中に手作りの冊子「青い目の人形ウォヘロちゃん　波乱の六十年」を作成した。この時、教務主任として担任外ということで高学年の書写等の授業で週に一時間程各クラスに出向く期間があった。

わたしは、この時間に出来上がった冊子を子どもたちに配布し、人形の経緯をたどり大事な人形であることや国際親善と言いながらその難しさも含め世界の平和について考えるきっかけになればと思っていた。

その後間もなく、次の手紙が保護者から届けられた。

星野義二先生
子供が一年間お世話様になりまして誠にありがとうございました。

一週間に一時間習字を教えていただいたわけですが、週に何回となく先生のお名前を子供から聞いておりました。

先日、先生が下さった「青い目の人形ウォヘロちゃん　波乱の六十年」を子供が持ち帰りました。私も早速目を通させていただきました。お忙しい中、資料の収集から始められ、完成されるまでには、先生のいかばかりの御努力、御苦労がありましたことか測りきれないものがありますが、こういう形で子供達に平和の尊さ、人間の優しさについて考える機会を与えて下さいましたことに、心より感謝申し上げます。

行間に溢れる先生のお優しさが、そのまま私の胸を打ちました。子供がよく先生のお名前を口にしていたのがわかるような気が致しました。

どうありがとうございました。一言御礼申し上げたくペンをとりました。

瀧上　真知子

わたしは、思いがけずこんなうれしいお便りをいただき感激し、今でもその時の喜びが忘れられない。

退職後、文芸社から「友情の人形使節　ウォヘロちゃん」を出版することになったことも、今回言視舎から本書を出版したことも、実はこの手紙がいつもわたしの支えであり原点となっている。

わたしの夢

全国に現存する人形のなかで、北小学校のウォヘロちゃんほど人形の誕生から現在に至るまでの経過がはっきり把握でき、答礼人形との対面式やアメリカへの里帰り、また、妹の人形アンジェラちゃんを迎える等人形にとって重要な行事をほとんど経験し、その貴重な関係資料が残されている例はないと思われる。

無事だった人形が次々に発見されニュースとなっていたが、人形を迎えて六十年、還暦ということで昭和六十二年には、日本全国で人形の紹介や学校をはじめ展示会等が行われ盛り上がっていた。

その後、七十年目の節目にも、校内での催しや講演会が開催されたニュースが報道され、八十年目にも中之条での企画展やわたしのウォヘロちゃんの編集後記が桐生タイムス紙に掲載される等人々の人形に寄せる関心の高さを感じてきた。

しかし、九十年目の平成二十九年というと、この様な行事は見当たらず、すっかり忘れ去られてしまった感じで、さみしい限りであった。

令和九年（二〇二七年）には、この日米両国による人形交流のあった昭和二年からいよいよ百年の節目を迎えることになる。残された貴重な資料からわたしたちが学ぶことがたくさんあるように思われる。

わたしは、百周年を迎えるこの機会に世界の平和をテーマに、再びＮＨＫで当時の緊迫する日米関係のなかで民間事業として成立した世界に類を見ない、この大規模な出来事を桐生市の北小学校に残る「人形使節ウォヘロちゃん」を通し誕生から今日に至る経緯をドキュメンタリードラマとして制作し全国に放映してほしいと思う。

昔の町並みが残る風情ある桐生市と、今にも続く人形に寄せる市民の皆さんの温かい支援は、きっとこのドラマを盛り立ててくれると信じている。

また、その過程で、脚本家や専門の方々のご協力をいただき、わたしの疑問点についても是非解決してほしいと願っている。

これが、わたしの大きな夢である。

最後になるが、昔からお世話になっているソニー生命の今泉照夫さんにタイミング良く都内の出版社「言視舎」編集委員で明和学園短大客員教授の木部克彦さんを紹介していただいた。

前回の出版の際は、東京まで出向き大変な思いがあったが、今回は木部さんに自宅に何回も足を運んでいただき訂正、追加等スムースに進められた。豊富な経験を生かしいろいろと助けてもらい安心してお任せすることができた。

お二人に厚く感謝申し上げたい。

星野　義二

著者プロフィール
星野　義二（ほしの・よしじ）
昭和 14 年　群馬県みどり市生まれ
33 年　桐生市教育委員会事務局主事
40 年　同　西小学校教諭
63 年　同　境野小学校教頭
平成 5 年　同　南小学校校長・南幼稚園 園長兼務
（在職中の役職）
・群馬県国公立幼稚園長会 副会長 ・全国同 理事
・同　小中学校教育研究会　学校図書館部会長
・全国学校図書館協議会 理事
・群馬県小学校長会 副会長 ・全国同 代議員
（退職後の役職）
・社会福祉法人 おおぞら保育園 監事
・ＮＰＯ法人 グループホーム　ひまわり 理事
（主な功績）
・みどり市立笠懸北小学校　校歌作詞
・桐生市立境野幼稚園 ・同 川内北幼稚園 園の歌作詞
・群馬県学校体育研究連合会　功労賞
・認定子ども園 すぎの子幼稚園 おおぞら保育園
「小池文司・静子ご夫妻を讃える」碑文執筆
（著　書）
「友情の人形使節　ウォヘロちゃん」（2001 年　文芸社）

「友情の人形使節　ウォヘロちゃん」編集後記
世界の平和は子どもから

2020 年 10 月 15 日　初版第一刷発行

著　者　星野義二
発行者　杉山尚次
発行所　株式会社 言視舎
東京都千代田区富士見２-２-２
電話 03-3234-5997　FAX03-3234-5957
https://www.s-pn.jp/
印刷・製本　中央精版印刷株式会社
カバーデザイン　戸塚佳江

ISBN978-4-86565-191-1　C 0036